# Feste feiern mit Religionsunterricht praktisch

## Gestaltungsvorschläge für Grundschule und Sonderschule (Klasse 1–4)

Herausgegeben
von Hans Freudenberg

Vandenhoeck & Ruprecht

*Bibliografische Information der Deutschen Bibliothek*

Die Deutsche Bibliothek verzeichnet diese Publikation in der Deutschen Nationalbibliografie; detaillierte bibliografische Daten sind im Internet über <http://dnb.ddb.de> abrufbar.

ISBN 3-525-61327-X

2., überarbeitete Auflage 2003

Satz: Text & Form, Garbsen
Druck und Bindarbeiten: Hubert & Co., Göttingen

# Inhalt

# Vorwort

Kinder feiern gern Feste – gleich ob Geburtstag oder Klassenfeste, Weihnachten oder ein Regenbogenfest. Sie genießen die Alternative zum Alltäglichen. Sie spüren, dass Feste „Höhepunkte gemeinsamen Lebens und Lernens" (LP NRW, 26) sind, die Gemeinschaft stiften und (bei Festen mit spirituellem Inhalt) Religion sinnlich erfahrbar machen. Handelnd können im gemeinsamen Feiern zentrale Inhalte christlichen Glaubens anschaulich werden.

Wer heute mit Kindern im Religionsunterricht ein Fest feiert, befindet sich in guter Gesellschaft: „Das Himmelreich gleicht einem König, der seinem Sohn die Hochzeit ausrichtete ..." (Mt 22,2ff). Immer wieder wählt Jesus das Bild des festlichen Mahls als Grundfigur der neuen Welt Gottes und der Freude, an der teilzuhaben *alle* eingeladen sind.

Nur begrenzt kann jedoch heute bei Kindern (und Eltern) noch an wichtige Voraussetzungen gemeinsamen Feierns angeknüpft werden:

- an ein Wissen um den Geschenkcharakter des Lebens, das sich in Danken und Bitten, in Innehalten, Staunen und Feiern manifestiert;
- an ein Wissen um die Festtraditionen der eigenen Religion;
- an gemeinsame Erinnerung und gemeinsame Hoffnung;
- an das Vorhandensein von Zeit, Muße, Fantasie.

Mangelnde Festkultur und Spiritualität bei unseren Kindern sollen nicht resignieren lassen, sondern – im Gegenteil – Kräfte aktivieren. Nur durch mitgestaltendes Einüben kann ein schon nahezu verloren gegangener (oder nie entwickelter) Sinn für Festlichkeit (wieder) gewonnen, „alte Bräuche wieder brauchbar" (P. Neysters) gemacht werden. Denn unstreitig gehören Feiern und Spielen zu einem authentischen, erfüllten Leben hinzu.

Die nachstehenden Fest- und Feiervorschläge wollen Möglichkeiten aufzeigen, wie man Ereignisse des Kirchen- oder Schuljahres bzw. im Unterricht eher kognitiv Thematisiertes feiernd verdichten und einüben kann. Vor allem soll aber das eigene festliche Entdecken der Leserinnen und Leser angeregt werden.

Die 13 Beispiele verstehen sich nicht als fertige „Rezepte", sondern sind auf die jeweiligen örtlichen Gegebenheiten (Klassengröße, -zusammensetzung, Raum, Zeit ...) hin – zusammen mit den Kindern – umzuarbeiten und fortzuschreiben. Häufig werden Alternativen und Ergänzungen angeboten; sie sollen diese modifizierende Arbeit erleichtern.

Wie schon bei „Religionsunterricht praktisch", Bd. 1–4, Vandenhoeck & Ruprecht, Göttingen 1998[6], und „Schulgottesdienste mit Religionsunterricht praktisch", Bd. 1 und 2, Vandenhoeck & Ruprecht, Göttingen 1994/95, gilt auch für diesen Band eine zweifache Voraussetzung:

- Die Anregungen basieren zu wesentlichen Teilen auf gemeinsamer Fortbildungs- und Seminararbeit sowie praktischer Erprobung.
- Sie nehmen im Sinne der Vernetzung auf die in „Religionsunterricht praktisch" vorgelegten Einheiten Bezug. Darum wird in Querverweisen immer wieder auf die o.g. vier Bände Bezug genommen. Feiern ist (wie Schulgottesdienst) nicht Selbstzweck, sondern vollzieht sich im Kontext vorbereitenden und nachfolgenden Unterrichts.

Alle Festentwürfe folgen mit Blick auf die Lesbarkeit einem immer wiederkehrenden Anlageschema:

- Kurzinhaltsangabe
- Thematisches Stichwort
- Biblischer Bezug
- Bezug zum Unterricht
- Adressaten
- (Technische) Vorarbeiten
- Zeitbedarf
- Gestaltungsvorschlag
- Varianten und Ergänzungen
- Anlagen
- Literaturhinweise.

Aus Kostengründen wurden nur die Lieder abgedruckt, die nicht in den folgenden, leicht zugänglichen Quellen enthalten sind:

- Religionsunterricht praktisch, Bd. 1–4;
- Schwerter Liederbuch – Singt dem Herrn. BDKJ, Paderborn 2000[7] (Bestellanschrift: Verlag BDKJ, Domplatz 3, 33098 Paderborn; Preis: geb. 13,20 EUR);
- Evangelisches Gesangbuch (EG).

Wir freuen uns über Rückmeldungen, Erfahrungsberichte, Ergänzungs- und Korrekturvorschläge. Ihre Zuschrift erreicht uns unter folgender Anschrift:

Ev. Kirchenkreis Unna – Schulreferat –
Mozartstr. 18–20
59423 Unna

# I. Einführung

## ein fest fängt bei uns selber an

| | | | |
|---|---|---|---|
| ein fest | denn | die freude | das auf- |
| fängt | wenn | die | steigt |
| bei mir | ein fest | beim fest | und uns |
| selber | für alle | sich zeigt | alle |
| an | glückt | ist vor- | eint |
| ich | bin ich | schein | als ewigkeit |
| halt mich | ein stück | von | im augen- |
| nicht | von | dem | blick |
| zurück | diesem | glück | |
| | glück | | |

*(Wilhelm Willms, wagnis und liebe, Butzon & Bercker, Kevelaer 1986, S. 128f)*

## 1. Das Geschenk des Adlers

Ein Mythos der Eskimos in Alaska erzählt, wie die Gabe des Festes zu den Menschen kam: Tetriaq, ein junger Rentierjäger, traf bei seinen Streifzügen in der Wildnis auf einen Adler. Er tötete das Tier nicht. Aus Dankbarkeit versprach es, den Jäger in die Geheimnisse des Festes einzuweisen.

„Fest – was ist das?", fragte der Junge. „Ein Fest macht das Herz froh", sagte der Adler. „Freunde kommen zusammen und essen miteinander. Dann trommeln und singen und tanzen sie. Wer Feste feiert, ist nicht einsam."

Unter Anleitung der uralten Adlermutter lernte der Eskimojunge nicht nur, ein Festhaus zu bauen, aus Holz und Rentierhaut eine Trommel zu fertigen und zu tanzen. Zu einem Fest, so erfuhr Tetriaq, gehören auch Lieder, die gute Erinnerungen verarbeiten und in Worte kleiden.

Als sich der Junge die Geheimnisse des Festes zu Eigen gemacht hatte, entließ ihn die Adlermutter mit der Verpflichtung, die Gabe des Festes nicht für sich allein zu behalten, sondern mit Menschen und Tieren zu teilen.

Der Junge lief nach Hause und erzählte den Eltern und Brüdern, was für eine köstliche Gabe er erhalten hatte. Gemeinsam bereiteten sie ein Fest vor. Sie bauten ein Haus. Sie machten Trommeln. Sie dachten Lieder aus. Sie lachten und sprachen miteinander. Sie versuchten zu tanzen, und ihre Gedanken wurden fröhlich.

Bei allem, was sie taten, fragten sie sich, ob sie nicht ein Lied daraus machen könnten. Und so begannen sie die Dinge rundherum auf eine neue Art zu sehen.

Sie luden die Menschen aus den nächsten Lagern ein, und von überall her kamen die Gäste zum Fest. Sie schmausten und sangen und tanzten und trommelten. Und es kamen die Wölfe und die Eisbären, die Rotfüchse und die Silberfüchse, die Luchse und die Schneehühner. Sie alle feierten mit den Menschen das erste Fest.

*(L. Mayer-Skumanz, Jakob und Katharina, Kerle, Wien 1994[10], S. 56–59 i.A.)*

Aus dem Fest-Ursprungsmythos lassen sich einige Grundmerkmale ableiten, die ein Fest konstituieren. Das Fest

- verdankt sich nicht menschlicher Erfindung, sondern ist Geschenk aus einer anderen Welt; es ist unverfügbar wie das Leben selbst;
- stiftet Gemeinschaft zwischen den Menschen und zwischen Mensch und Tier, hat also integrierende Funktion;
- verändert Gedanken und Gefühle der Menschen;
- verhilft zu einer vertieften und erweiterten Sicht der Dinge;
- ver-dichtet und aktualisiert „gute Erinnerungen";
- aktiviert unterschiedliche Sinne und mobilisiert kreative Ausdruckskräfte (klingen, bewegen, fühlen, gestalten, erzählen);
- durchbricht die Einsamkeit (hören, sehen, fühlen, schmecken, riechen).

In der ursprünglichen, von K. Rasmussen überlieferten Version spielt auch noch das Moment der Verjüngung und Verwandlung eine wichtige Rolle (vgl. H. Halbfas, Das Welthaus. Ein religionsgeschichtliches Lesebuch, Calwer/Patmos, Stuttgart/Düsseldorf 1984[2], S. 192–196 und C.-M. Edsman, Art. „Feste und Feiern, I. Religionsgeschichtlich", RGG[3], Bd. II, Sp. 906f).

Der Mensch ist „homo faber", tätiger Mensch, und „homo festivus", festlicher Mensch. Er ist nicht nur ein denkendes und arbeitendes, sondern auch ein singendes, tanzendes, träumendes, Geschichten erzählendes Wesen. Insofern bilden Feier und Feierlichkeit wichtige Kontrapunkte zu Routine und Arbeit. Sie überwinden für eine gewisse Zeit die Aufteilung in Arbeit und Leben, in Denken und Fühlen. Feier und Festlichkeit läßt Menschen sich als erinnernde und hoffende Geschöpfe und als Teil eines größeren Ganzen begreifen und sie zu sich selber kommen. Ja, Festlichkeit und Fantasie sind in ihren Wurzeln religiöser Natur; die Nähe des Festes zum Kult ist unübersehbar:

„Der religiöse Mensch begreift sein Leben in einem großen historischen und kosmischen Zusammenhang. Er sieht sich als Teil ... einer längeren Geschichte, in der er eine bestimmte Rolle spielt. Lied, Feier und Vision verbinden einen Menschen mit dieser Geschichte. Sie vermitteln ihm Vergangenheit und Zukunft. Ohne wirklich festliche Gelegenheiten jedoch und ohne die Pflege seiner Fantasie schrumpfen Geist und Seele des Menschen" (H. Cox, Das Fest der Narren. Das Gelächter ist der Hoffnung letzte Waffe, Kreuz, Stuttgart/Berlin 1970[2], S. 23).

Weil es „kein Fest ohne Götter" gibt (Josef Piper) und „Feste unser Leben festmachen" (Br. M. Reeke, in: Königsmünster '94. Jahresbericht aus Abtei und Mission, Meschede 1994, S. 2), stehen Feste im Zentrum aller Religionen, insbesondere der antiken. Vor allem der Heiligenkult hat auch das (katholische) Christentum in die Linie der Festreligionen gestellt. Einzelne Diözesen kannten im ausgehenden Mittelalter (einschließlich der Sonntage) mehr als 100 Feiertage! Seit der Brevierreform Urbans VIII. (1568) wurde die Zahl der gebotenen Feiertage immer mehr reduziert; ab 1642 gab es noch 34 gebotene Feiertage, seit 1917 noch zehn.

Zum Verlust der Fest- und Feierdimension haben gewiss auch die Reformatoren mit ihrer festkritischen Polemik beigetragen. Luther riet, „das man alle fest abethet und allein den Sonntag behielt ... den als nu der mißbrauch mit sauffen, spielen, mussiggang und allerley sund gaht, so ertzurnen wir mehr Gott auff die heyligenn tag den auf die andernn" (M. Luther, An den christlichen Adel deutscher Nation, von des christlichen Standes Besserung [1520], in: C. Clemen, Luthers Werke in Auswahl, Bd. 1, de Gruyter & Co., Berlin 1950, S. 401).

Es mag sein, dass im Mittelalter mancher Auswuchs die ursprüngliche Bedeutung der Feste verdunkelt und nicht mehr vermittelt hat, welche Grunderfahrungen von neuem Leben, von Staunen und Dank die christlichen Feste in sich bergen. Dieser Schatz gelebten Glaubens verbindet uns mit dem, was auch frühere Generationen trug und was durch unser Feiern und Tradieren lebendig bleibt.

Fest und Feier begreift schon das Neue Testament als Metaphern und Spuren der anbrechenden

Gottesherrschaft, ihrer Fülle, die keinen Mangel mehr kennt, der neuen Gemeinschaft, die auf Gerechtigkeit und Menschlichkeit basiert und die eschatologische Gemeinschaft der Völker handelnd vorwegnimmt. Einladung zum Fest ist für Jesus Einladung zu dankbarer Erinnerung und hoffnungsvollem Ausblick. Fest ist so etwas wie „Himmel auf Zeit" (K. Bucher, Thematische Gottesdienste, S. 80). Im Feiern des „Festes Gottes" (J. F. Konrad) erfahren und verwirklichen Menschen die zentrale Botschaft der Bibel: „Du bist geliebt – ohne Vorleistung und ohne Ende!"

Für unsere Zeit müssen wir in Schule, Kirche und Gesellschaft mit dem Eskimojungen Tetriaq die authentische Gabe des Festes neu entdecken.

## 2. Festanlässe

Feste können sich auf ganz unterschiedliche Anlässe beziehen: die Geburt eines Kindes oder die eingebrachte Ernte, Schulanfang oder -entlassung, Kommunion oder Konfirmation, die Erinnerung an den Auszug aus Ägypten oder die Menschwerdung Gottes.

Feste haben Einmaligkeitscharakter (z.B. die Taufe) oder leben (mehrheitlich) von Wiederholung (z.B. Ostern). Im Alten Orient erfüllte die jährliche Wiederholung eines Festes oft eine doppelte Funktion: Erinnerung und Aktualisierung einerseits, Stabilisierung und Aufrechterhaltung der Ordnung andererseits. Im babylonischen Neujahresfest läßt sich dieser Zusammenhang noch nachweisen. In einer vielfach bedrohten Welt diente das Fest als ganzes der Welterneuerung; die Rezitation von Schöpfungsmythen garantierte und sicherte das Dasein (vgl. hierzu: C. Westermann, Schöpfung, [Themen der Theologie, Bd. 12], Kreuz, Stuttgart/Berlin 1971, S. 23).

In allen frühen Kulturen wurden die Übergänge im Jahreslauf von einer Phase zur nächsten kultisch begleitet und abgesichert (Sonnenwenden, Tagundnachtgleichen, Aussaat und Ernte, Jahresende und -anfang). Gleiches galt für die Übergänge im Leben des einzelnen (Geburt, Pubertät, Heirat, Tod ...).

Die unterschiedlichen Festanlässe lassen sich auf diesem Hintergrund (jedenfalls für unseren Kulturkreis) im wesentlichen in drei Komplexen zusammenfassen:

a) Feste an den Nahtstellen des *individuellen* Lebens („Passageriten"): z.B. Geburt, Beschneidung, Taufe, Kommunion/Konfirmation/Bar Mitzwah.

b) Feste im *Kreislauf des Jahres:*

- – Naturjahr: besonders Feste in Verbindung mit Aussaat und Ernte (z.B. Frühlingsanfang, Schawuot, Erntedank)

- – Schuljahr: z.B. der erste Schultag, Sport-, Klassen-, Schulfest

- – Kirchenjahr: Sonntag und die Feste zwischen Advent und Ewigkeitssonntag. Analoges gilt für das jüdische, islamische, buddhistische Festjahr.

c) Feste zur Erinnerung an *historische* u.a. *Ereignisse*, Gedenktage u.ä.: z.B. Volkstrauertag, Tag der deutschen Einheit, 1. Mai.

Zu weiteren Fest-Stiftungen s.u. Nr. 4: Mit Kindern im RU Feste vorbereiten und feiern.

## 3. Festattribute und Festelemente

Es gibt nicht *die* Feier- und Festform, sondern eine Gestaltungsvielfalt als Spiegel gewachsener Traditionen und Ausdruck von Lebendigkeit. Gleichwohl kehren bestimmte Wesenselemente und Attribute häufig wieder:

**Raum:**
Feste sind zwar nicht grundsätzlich an bestimmte Räume gebunden; und doch können Räume feierbegünstigend oder -beeinträchtigend sein. Darum werden seit früher Zeit geheiligte Räume und Orte ausgewiesen, die in besonderer Weise das Bedürfnis nach Feierlichkeit erfüllen (z.B. Tempel, Festsaal, -haus). – Durch Schmücken und Umgestalten (Blumen, Bilder, Kerzen, Tücher) verändern auch nüchterne Klassenräume ihr Alltagsgesicht und erhalten Festcharakter.

**Zeit(en):**
Besondere Fest-Zeiten, die sich von anderen Zeiten (Alltags-Zeiten) abheben, gliedern den Zyklus des Jahres, des Lebens, der Zeit. Solche periodisch wiederkehrenden Zeiten sind z.B. im Judentum die Wallfahrtsfeste (Passa, Schawuot, Sukkot), im Christentum beispielsweise Weihnachten und Ostern, im Islam das „Opferfest". – Festreiche Zeiten (Weihnachts- und Osterfestkreis) und festarme Zeiten (Trinitatis bis Ende des Kirchenjahres) wechseln im christlichen Kalender einander ab.

**Ordnung:**
Feste leben einerseits von Spontaneität und Kreativität, benötigen andererseits eine gewisse strukturierende Ordnung. Die in ihr begegnenden Regeln und Rituale sollen entlasten, Sicherheit geben, wiederholbare Interaktion ermöglichen, nicht aber in ein starres, totes Schema zwängen.
Riten (als Teil der Ordnung) halten die „Welt" in Gang. In Ägypten dienten sie vornehmlich dazu, das Weltgefüge zu stabilisieren. Sie „unterstützten den Lauf der Sonne, den Gang der Gestirne, die Phasen des Mondes, das jährliche Anschwellen des Nils, die Fruchtbarkeit des Ackers und des Viehs" *(J. Assmann, Das Fest und das Heilige, S. 24)*.
Ordnungen verleihen einem Fest eine größere Verbindlichkeit. Zur Ordnung als „schöpferischem Akt" gehören z.B.: Lieder – Musik – Tanz – Prozession/Begehung – Erzählen.

**Brauchtum:**
Bräuche sind wesentliche Bestandteile von weltlichen wie religiösen Festen. Der Maibaum gehört ebenso hierher wie der Osterleuchter, der Hochzeitsschleier ebenso wie die Grundsteinlegung, die Schultüte oder der Adventskranz.
Brauchtum begleitet zeichenhaft ein Fest, verdichtet Zusammenhänge und verweist auf Wurzeln, die in der Tiefe der Zeit liegen.
Festbrauchtum manifestiert sich häufig in Symbolen (z.B. Osterei, Weihnachtspyramide, Kerze/Licht, Stern) oder Symbolhandlungen (z.B. Brot brechen, Taufen, Prozession).

**Kleidung:**
Festliche Kleidung ist Spiegel des besonderen Charakters eines Festes. In Lk 15 gibt der Vater Anweisung, dem heimgekehrten, „verlorenen" Sohn „das beste Gewand" anzuziehen (Lk 15,22); das fehlende Festgewand wird im Gleichnis von der Königlichen Hochzeit gar zum Ausschlussgrund von der Feier (Mt 22,12f).

**Essen/Trinken:**   Essen und Trinken gehören für D. Trautwein (neben Sprechen und Schweigen, Singen und Musizieren, Tanzen und Spielen) zu den unverzichtbaren Feier- und Lebensmitteln (D. Trautwein, Lernprozeß Gottesdienst, Gelnhausen/München 1972, S. 20). Sie lassen schmecken, sehen, riechen und begreifen, was es zu feiern gibt. Wo bei einem Fest gegessen und getrunken wird, ist Ganzheitlichkeit im Spiel.

Nicht zufällig sind viele biblische Geschichten Mahlgeschichten:
- Ex 16,2ff          Manna und Wachteln
- 1 Kön 17,8ff       Elia bei der Witwe von Zarpat
- Ps 23,5            Du bereitest vor mir einen Tisch
- Mt 14,13ff parr.   Speisung der Fünftausend
- Mt 26,17ff parr.   Einsetzung des Abendmahls
- Mt 22,1ff          Die königliche Hochzeit
- Lk 15,23ff         Verlorener Sohn
- Lk 24,13ff         Die Emmausjünger.

Essen und Trinken sind nicht nur elementare menschliche Bedürfnisse, sondern symbolträchtige Interaktionsformen: Essen und Trinken bekommt Feiercharakter, wo *alle* beteiligt sind und alle miteinander teilen, was vorhanden ist.

## 4. Mit Kindern im RU Feste vorbereiten und feiern

Was oben zum Thema „homo faber" und „homo festivus" allgemein gesagt wurde (S. 8), gilt für die Schule in besonderer Weise. Vor allem die Grundschule versteht sich heute als Lernort *und* Lebensraum für Schülerinnen und Schüler; folglich sind kognitives Arbeiten *und* Feiern angemessen als zwei Hälften eines Bildes aufeinander zu beziehen. Wie Einatmen und Ausatmen ergänzen beide Dimensionen einander.

Aus theologischen und pädagogischen Einsichten weisen die Richtlinien für das Fach Evangelische Religionslehre in der Grundschule in Nordrhein-Westfalen einen eigenen Bereich „Festfeiern" aus (Der Kultusminister des Landes Nordrhein-Westfalen, Hg., Richtlinien Evangelische Religionslehre Grundschule, Verlagsgesellschaft Rittersbach, Frechen 1985, S. 26f. 38, vgl. auch: Der niedersächsische Kultusminister, Hg., Rahmenrichtlinien für die Grundschule – Evangelische Religion, Schroedel, Hannover 1984, S. 15 [„Feste und Feiern"] und Lehrplan für den Evangelischen Religionsunterricht an Grundschulen in Bayern, 1. bis 4. Jahrgangsstufe, München/Neuendettelsau 1994[2], S. 65 [„Wir feiern ein Segensfest", S. 26, „Pfingstfeier"]).

Feste im Kirchenjahr (Weihnachten, Ostern, Pfingsten, Erntedank) werden ebenso feiernd erschlossen wie ein Schöpfungs- oder Versöhnungsfest inszeniert wird.

Fünf Aspekte werden in den Richtlinien zur Begründung einer besonderen Dimension „Festfeiern" genannt:

a) Kinder lernen erlebnishaft Ursprung, Sinn und Bedeutung der Feste (vornehmlich des Kirchenjahres) kennen;

b) Gemeinsames Feiern der christlichen Feste vergegenwärtigt deren Botschaft und erschließt Sachverhalte, die kognitiv oft kaum fassbar sind; zentrale Inhalte christlichen Glaubens werden im Fest greifbar;

c) Feste reichen mit ihren Wurzeln in die Vergangenheit und „nehmen eine erhoffte Zukunft vorweg";

d) Feste sind „Höhepunkte gemeinsamen Lernens und Lebens";
e) Feste haben Gemeinschaft stiftende und stabilisierende Funktion.

Was theoretisch einleuchtet, stößt in der Praxis oft auf erhebliche Schwierigkeiten. Viele Kinder haben weder zu Hause noch in der Schule feiern gelernt; eine Festkultur wurde nicht aufgebaut. Religiöse Wurzeln der Feste, der göttliche Ursprung des Feierns, die Symbole und Bräuche sind nur noch wenigen bewusst.

Um so dringlicher ist die Schule, ist der Religionsunterricht gefordert, Kindern Festlichkeit als sinnliche Ausdrucksform christlichen Glaubens und Lebens zu erschließen und Feierformen einzu-üben.

Festanlässe für kürzere oder ausgeführtere Formen finden sich in großer Zahl:

| | |
|---|---|
| – Feiern in Verbindung mit Festen des Kirchenjahres | z.B. St. Martin, Nikolaus, Advent, Weihnachten. |
| – Feste unter Bezug auf andere Lehrplangegenstände | z.B. Kennenlernfest, Schöpfungsfest (im Anschluss an die Themen „Erntedank" oder „Schöpfung"), Versöhnungsfest (in Verbindung mit Lk 15 oder Gen 45ff), ein Regenbogenfest (im Horizont von Gen 9), ein Segensfest (auf dem Hintergrund von Mk 10,13ff – vgl. Religionsunterricht praktisch 1, S. 19ff; Abraham – vgl. S. 91ff: David wird König – vgl. RU praktisch 3, S. 95ff). |
| – Feste aus anderen Anlässen | z.B. Apfelfest, Brunnenfest, Brotfest, Brückenfest. |

Nicht nur die großen Feste und Themen eignen sich zu festlicher Gestaltung; auch vermeintlich „kleine" Anlässe bieten sich an: z.B. Feste, die eine Blume, einen Stein, ein Symbol zum Inhalt haben.

Das zeitliche Volumen einer Feier/eines Festes kann sich zwischen einer Viertelstunde über eine Stunde bzw. Doppelstunde bis hin zu einem eigens dafür anberaumten Projekttag (z.B. unter Einbeziehung von Kindern anderer Konfessionen und Religionen) bewegen.

Ähnlich wie beim Schulgottesdienst ist die Verknüpfung des Festes mit dem vorhergehenden Unterricht, aus dem das Fest gleichsam erwächst, unabdingbar. Ein Schöpfungsfest etwa wird i.A. während der Einheit oder nach deren Abschluss zuvor erarbeitete Unterrichtsinhalte einbeziehen: Bilder, Lieder, Spiele, Gedichte, Gebete zum Thema. Im Fest werden sie aktualisiert und feiernd verdichtet.

Ein Fest, das gelingen soll, braucht sorgfältige Vorbereitung. Die Identifikation der Schülerinnen und Schüler mit dem zu feiernden Fest wird um so überzeugender gelingen, wenn *alle* Kinder in die Planung und Gestaltung des Festes einbezogen und ihre Wünsche, Vorstellungen und Erwartungen berücksichtigt werden.

Die *Planungsphase* hat technische *und* inhaltliche Bedeutung. Sie klärt Sachen und nimmt Kinder auch atmosphärisch in einen Gestaltungsprozess hinein, der in das Fest einmündet. In der Vorbereitung ist eine Verständigung über das Thema bzw. die Festinhalte herbeizuführen. Sodann ist festzulegen: Wo soll gefeiert werden? Wann? Wie viel Zeit steht zur Verfügung (manchmal, vor allem, wenn in das Fest ein kleines Mahl einbezogen wird, können 90 Minuten weniger stressbesetzt sein als eine Einzelstunde). Wer soll eingeladen werden? Welche inhaltlichen Elemente sollen das Fest bestimmen?

Zu den technischen Vorbereitungen gehören u.a.

– Das Besorgen/Mitbringen von Blumen, Vase(n), Kerzen, Kerzenhaltern, Tischdecken, Geschirr, Symbolen, Getränken, Essen, Geräten (Kassettenrekorder, Plattenspieler, Diaprojektor);
– Das Anfertigen z.B. von Einladungs- und Tischkarten und Bildern, das Anschreiben möglicher Gäste (Eltern, Geschwister, Nachbarklasse ...);

– das Vorbereiten z.B. eines Theaterstückes, eines Rollenspiels, eines musikalischen Beitrags, eines Tanzes; ferner sind Lieder auszuwählen und ggf. ein Erinnerungsgeschenk vorzubereiten;
– das Herrichten des Raumes: Raum- und Tischschmuck, Tischordnung;
– die Festlegung der Verantwortlichkeiten.

## Festfolge

Jedes Fest hat seine eigenen Gesetzmäßigkeiten. Darum ist auch jedes Mal neu über Inhalte und Abläufe nachzudenken. Zudem wird auf diese Weise am ehesten eine Erstarrung der Form vermieden. Andererseits kann die Wiederholung bestimmter Bausteine und Abfolgen Sicherheit vermitteln, die um so bereiter Neues verarbeiten lässt.

Nicht als verbindlicher Kanon, sondern als vielfach modifizierbare Möglichkeit ist die folgende Zusammenstellung gemeint:

– Einzug in den „Fest"-Raum – Einnehmen der Plätze
– Begrüßung (mit Verweis auf ein Symbol, Bild/Thema der vorhergehenden Stunden etc.)
– Lied/Musik
– Festmitte, gerahmt von Tanz/Musik/Märchen/Liedern o.ä. unter Bezug auf den vorbereitenden Unterricht:
  * Spiel/Pantomime
  * Biblisches Wort/Bild
  * Bild
  * Stilleübung/Meditation } alternativ oder in Verbindung miteinander
  * Symbol/Symbolhandlung
  * Aktion
– Mahlzeit
– Danklied/-gebet
– Festandenken
– Segensspruch.

# 5. Checkliste zur Planung und Gestaltung von Festen/Feiern im Religionsunterricht

**Thematische Mitte**
– Unter welchem Leitmotiv/Thema soll das Fest stehen?
– Welche biblische Geschichte passt dazu?
– Welche Inhalte aus dem RU sollen aufgegriffen werden?
– Wo soll der Schwerpunkt liegen?
– Welches neue Element kann noch hinzutreten?
– In welcher Reihenfolge sollen die Bausteine zusammengefügt werden?

**Rahmenbedingungen**
– Zeit (Termin und verfügbare Zeit)?
– Ort (eigener Klassenraum? Aula? Raum in einem benachbarten Gemeindezentrum?)
– Sollen ggf. Eltern in die Festvorbereitungen einbezogen werden (z.B. Kuchen backen)?

| **Inhaltlich-program-**<br>**matische Vorberei-**<br>**tungen** | – Lieder<br>– Texte<br>– Spiel<br>– Tanz. |
|---|---|

**Raumgestaltung**
- Blumen- und Tischschmuck
- Kerzen
- Tischkarten, -ordnung.

**Geräte**
- Kassettenrekorder
- Plattenspieler
- Dia-Projektor.

**Essen**  Obst/Obstsalat/Fladenbrot/gebackenes Osterlamm etc. (je nach Festanlass).

**Trinken**  z.B. Sprudel/Saft/Tee/Kakao.

**Festandenken/**  ist themenabhängig; bei einem Schöpfungsfest z.B. eine Blume oder ein
**Erinnerungsgeschenk** Tannenzapfen, bei dem „Lebensfest in Ninive" z.B. ein Tonanhänger mit
dem Motiv des Fisches.

## 6. Ein Fest ist wie ein Baum

Ein Fest ist
wie ein Baum.
Mit seinen
Wurzeln
dringt er tief
ins
Erdreich
ein,
in dunkle
Zonen,
die Halt
und Nahrung
geben.

Ein richtiges Fest
kommt von weit her.
Es ist nicht wie ein
Maibäumchen
ohne Wurzel und Halt
und schon am nächsten Tag
verwelkt.

Ein richtiges Fest
wurzelt
in der Tiefe,
in den
Anfängen
der Geschichte
Gottes
mit den
Menschen.

Ein Fest ist
wie ein Baum,
der blüht
und wächst
von Jahr
zu Jahr
zu Jahr
immer anders,
immer gleich,
immer neu
für uns heute.
Es muss ja
unser Fest sein,
nicht das von gestern,
unser Fest,
das uns neu macht.

Ein Fest ist wie ein Baum.
Mit seiner Krone
badet er im Licht,
füllt er den Himmel aus.

Ein richtiges Fest
holt den Himmel
auf die Erde,
greift der
Zukunft vor,
gibt Mut
und neue
Liebe
zum Leben.

Ein Fest ist wie ein Baum
der eine Himmelsleiter ist
Mitte der Fülle
Fülle des Lebens.

*(Hubertus Halbfas, aus: Treffpunkt RU 5/6, Kösel-Verlag, München / Patmos Verlag, Düsseldorf 1989,*
*S. 29)*

## 7. Literatur zur Vertiefung

### Fest – Feier – Ritual

P. Cornehl u.a., Hg., „... in der Schar derer, die da feiern". Feste als Gegenstand praktisch-theologischer Reflexion, Vandenhoeck & Ruprecht, Göttingen 1993

H. Halbfas, Religionsunterricht in der Grundschule. Lehrerhandbuch 2, Patmos, Düsseldorf 1999[7], S. 361ff („Das Fest – Geteilte und verdoppelte Freude")

ders., Religionsunterricht in der Grundschule. Lehrerhandbuch 3, Patmos, Düsseldorf 1996[6], S. 341ff („Fest: Das große Gastmahl")

A. Klaaßen, Kinder brauchen Rituale – gerade auch im Anfangsunterricht, in: Schönberger Hefte, 30/2000, S. 15f

L. Kuhl, Hg., Mit Kindern das Kirchenjahr gestalten, RPI Loccum, Loccum 1997

Publik-Forum Extra, Unser Leben sei ein Fest. Innehalten und Feiern, Oberursel 1989

M. Wermke, Die Schule als Ort gelebter religiöser Praxis?! Oder religiöse Feiern und Rituale in der Schule, in: Schulfach Religion, 19/2000, Nr. 1/2, S. 215–229

### Zeit – Kirchenjahr – Brauchtum

K.-H. Bieritz, Das Kirchenjahr. Feste, Gedenk- und Feiertage in Geschichte und Gegenwart, C.H. Beck, München 2001[6]

R. Deichgräber, Von der Zeit, die mir gehört, Vandenhoeck & Ruprecht, Göttingen 1992[4]

H. Hanisch u.a., Hg., Den Glauben feiern. Feste im Kirchenjahr, Diesterweg/Evangelische Verlagsanstalt, Frankfurt/M./Leipzig 2000

W. Hoffsümmer, Von der Schöpfung, Gott und Jesus erzählen. 100 Ideen für 3–7jährige – Mit Geschichten und Gegenständen durch das Kirchenjahr, Grünewald, Mainz 1998[3]

M. Israel, Religiöses Brauchtum im Unterricht der Grundschule, in: Praxis Grundschule 2/93, S. 24ff

H. Jaschke, Feste im Kirchenjahr. Erzählbausteine für Religionsunterricht und Kindergottesdienst, Kösel, München 2000

H. Kirchhoff, Christliches Brauchtum im Jahreskreis, Kösel, München 1990[3]

H. König, Das große Jahrbuch für Kinder. Feste und Bräuche neu entdecken, Kösel, München 2001

### Feste der Weltreligionen – Interkulturelle Feste

P. Beer, Unser Leben sei ein Fest ... – Von der Bedeutung religiöser Feste für den Dialog der Religionen im Kontext Schule, in: Th. Luksch, Hg., Zuerst der Mensch, Don Bosco, München 1999, S. 234–243

C. Emmerdörfer-Brößler, Feste der Völker. Ein pädagogischer Leitfaden, VAS, Frankfurt/M. 2000

W. Everding, Von Advent bis Zuckerfest. Feste und Brauchtum im Jahreslauf, Luther-Verlag, Bielefeld 1996

G. Franger/H. Kneipp, Hg., Miteinander leben und feiern. Ausländische und deutsche Kinder feiern Feste, Dağyeli, Frankfurt/M. 1987[2]

U. Sieg, Von Advent bis Ramadan. Fest der Weltreligionen zur Jahrtausendwende, in: forum religion, 4/2000, S. 37–41

M. Tworuschka, Zu Gast bei Religionen der Welt. Christliche, jüdische und islamische Feste, in: Kindergarten heute, 2000. H. 7/8, S. 20ff

G. Wagemann, Feste der Religionen – Begegnung der Kulturen, Kösel, München 1996

**Praxisbücher – Praxisbeispiele**

C. Benz, Kinderfeste. Bastelspaß das ganze Jahr. Mit Vorlagen in Originalgröße, Christophorus, Freiburg/Br. 1992² (u.a. Einladungs- und Tischkarten, Ostern, Nikolaus, Weihnachten)

E. Bücken, Feste feiern. Neue Ideen für Gruppenfeste, (Reihe 8-13), Burckhardthaus-Laetare, Offenbach 1991

G. Büttner-La Paglia, Kunterbunte Kinderfeste. Bastelspaß für drinnen und draußen. Mit Vorlagen in Originalgröße, Christophorus, Freiburg/Br. 1993

H. Heim, Die Feste der Adlerfrau. Kreativ feiern im Freundeskreis und mit Gruppen, Walter, Düsseldorf 1994

Der Tisch ist gedeckt für das große Fest. 4 Kinderbibeltage (Kinderbibelwoche), Wetter o.J., (Bezug: Arbeitsstelle für Kindergottesdienst, Kandelsgasse 4, 35083 Wetter)

I. Kuhl, Feste, in: F. Schweitzer/G. Faust-Siehl, Hg., Religion in der Grundschule. Religiöse und moralische Erziehung, Arbeitskreis Grundschule, Frankfurt/M. 1995², S. 268ff

P. Musall, Hg., Leben feiern. Religiöse Gemeinschaft mit Kindern, (Reihe 8-13), Burckhardthaus-Laetare, Offenbach 1992

F.X. Riedl/A. Schweiggert, Kleine Klassenfeste für ein ganzes Jahr, Auer, Donauwörth,
 – 1./2. Jahrgangsstufe (1993)
 – 3./4. Jahrgangsstufe (1993)

B. Willner/H. Huhle, So oft im Jahr ist Feiertag. Kirchliche Feste und Feiern in Kindergruppen, (Reihe 3-7), Burckhardthaus-Laetare, Offenbach 1988

Feste feiern, (Materialhefte, H. 12), Beratungsstelle für Gestaltung von Gottesdiensten und anderen Gemeindeveranstaltungen, Frankfurt/M. o.J.

G. u. R. Maschwitz, Komm, wir essen zusammen. Mit Kindern das Essen erleben, (Reihe 8–13), Burckhardthaus-Laetare/Christophorus, Offenbach/Freiburg/Br. 1986

Mission 1994 (Mappe I: Gemeindedienst) – Hauptthema: Feste, Freimund, Neuendettelsau 1994

Mit Kindern feiern, (Materialhefte, H. 28), Beratungsstelle für Gestaltung von Gottesdiensten und anderen Gemeindeveranstaltungen, Frankfurt/M. 1980

**Tanz**

E. Hirsch, Schließt euch zusammen – und tanzt. Tanzen im Religionsunterricht und Schulgottesdienst, in: forum religion 4/95, S. 16–31 (dort auch ausführliche Literatur)

H. Jestädt, Bewegung und Tanz im Familiengottesdienst, Butzon & Bercker/Klens, Kevelaer/Düsseldorf 1996

S. Macht, Kinder tanzen ihre Lieder. Religiöse Sing- und Tanzspiele, Bonifatius/Deutscher Theaterverlag, Paderborn/Weinheim 1993³

W. Schneider, Getanztes Gebet. Vorschläge für Gottesdienste in Gemeinde und Gruppe, Herder, Freiburg 1993³

R. Voss, Tanz in der Liturgie. Eine Einführung mit Beispielen, Herder, Freiburg 1989

**Spiel**

W. Eitel, Biblische Geschichten spielen. Vorschläge für Kindergottesdienste und Kindergruppen, Kösel, München 1992

ders., Szenen spielen in Kindergottesdienst und Kindergruppe, Kösel, München 1995

U. Gohl, Jesus erzählt von mir und dir. Spiellieder und Singspiele zur Bibel mit Gestaltungsideen für Kindergruppen, Junge Gemeinde, Stuttgart 1994

M. Hilkert u.a., Wir sind die Kleinen in der Gemeinde. Bausteine für einen kreativen Kindergottesdienst mit 4- bis 6jährigen, Kaufmann, Lahr 1995

W. Hoffsümmer, 77 religiöse Spielszenen für Gottesdienst, Schule und Gruppen, Grünewald, Mainz 1989[2]

ders., Religiöse Spiele 1 für Gottesdienst und Gruppen, Grünewald, Mainz 1990[5]

ders., Religiöse Spiele 2 für Gottesdienst und Gruppen, Grünewald, Mainz 1993[4]

W. Laubi/J. Dirnbeck, Lese- und Spielszenen zur Bibel, Patmos/Kaufmann, Düsseldorf/Lahr 1990

E. Richner, Kinder feiern Gott. Katechetische Spielszenen, Herder, Freiburg/Basel/Wien 1991

H. Weigold, Spiele und Lieder zur Bibel für Grundschule und Kindergruppen. Mit Liedkassette, Kösel, München 1984

# II. Modelle

## Die Entwürfe im Überblick

| Thema | Inhalte | Bibel | Bezug zum Kirchen-/Schuljahr/RU | Zentrale Elemente |
|---|---|---|---|---|
| 1. Ein Tag im Leben Jesu | Sederabend elementarisiert | Ex 12f; Mt 26,17ff | Mose – Passion | Symbole des Seder |
| 2. Gott, ich staune ... | Schönheit und Symmetrie der Schöpfung | Ps 104 | Schöpfung (Ps 104) | Natur-Mandala Stilleübung m. Apfel |
| 3. Wie neugeboren | Mit Ninive ein Lebensfest feiern | Jona | Jona | GA-Produkte „Lebens"-Baum |
| 4. Atem Gottes – Neues Leben | Pfingsten: Bewegung und Veränderung | Apg 2 | Pfingsten | Kreis-Puzzle mit pfingstl. Motiven |
| 5. Himmelsbogen – Lebenszeichen | Der Regenbogen als Symbol des Lebens | Gen 8,21f; 9,12–17 | Noah | Mobile mit gestalteten Regenbögen |
| 6. An der Quelle des Lebens | Quellen in der Natur, im Märchen, in der Bibel | Quellen u. Brunnen in Bibeltexten | s. Entwurf | Gestaltete Mitte mit „Quelle" - Stilleübung |
| 7. Brot | Sinnesübungen – Symbol, und religiöse Dimensionen | Passa – Manna Speisung der 5000 | „Brot des Lebens" Gleichnisse etc. | Brot backen, riechen, schmecken, deuten |
| 8. ... und sie fingen an ..." | Der Heimkehrer wird beschenkt u. verwandelt | Lk 15,11–32 | Der verlorene Sohn | Lebenssituationen Rondellenpuppen |
| 9. Licht-Fest | Dunkelheit – Licht – Ausbreitung von Licht | Weihnachten – Von „sehenden" Menschen | Weihnachten – Bartimäus – H. Keller etc. | Mal- u.Gestaltungsübung zur Ausbreitung von Licht |
| 10. Himmlische Düfte | Weihrauch als Paradigma bibl. Duftstoffe | Ex 30,34f Mt 2,11 u.ö. | Weihnachten u.ö. | Weihrauch: Geruch u. Herkunft – Fantasieduftreise |
| 11. Bibel-Fest | Biblischen Figuren und Lieblingsversen begegnen | Bibel | Bibel | Bibel-Ausstellung – Bibl. Figurenspiel – Denksprüche |
| 12. Wie aus Feinden Freunde werden | Spiel-Lied Zeichenhandlung | Gen 45 | Josef | Spiellied – Versöhnungsgeste |
| 13. Gottes Kinder in aller Welt | Begegnung mit Kindern d. Welt (Spiel/Musik/Essen ...) | „Shalom" u. Soziale Gerechtigkeit | 3. Welt – Kinder in anderen Ländern | Erdteil-Stationen |

# 1 Ein Tag im Leben Jesu
## (Sederabend)

**Kurzinhalt**

Im Mittelpunkt dieses Festes stehen die Symbole des Sederabends (Waschung – Petersilie – Salzwasser – Mazze – Bitterkraut – Charosset) und deren Deutung im Kontext der Exodus-Erfahrung Israels.

**Thematisches Stichwort**

„Sederabend" ist im Judentum die das achttägige Passa-Fest einleitende häusliche Feier. Wie Passa als Ganzes in Erinnerung an den Auszug aus Ägypten (Ex 1 ff; Dtn 26,5 ff) gefeiert wird, steht auch dieser festliche Abend im Zeichen der Erinnerung an die Befreiungstat Jahwes (vgl. Religionsunterricht praktisch 3, S. 69f). Ägypten will als Symbol verstanden werden für alles, was Menschen (zu allen Zeiten) zerstört, unfrei macht, beschädigt.

Eine (seit dem 10. Jahrhundert) feste Ordnung (hebr. „Seder") regelt den Ablauf der Feier. In seinem Mittelpunkt stehen die Fragen des jüngsten männlichen Teilnehmers nach dem besonderen Charakter dieses Abends, eine Frage, die durch die Lesung des Vaters vom Exodus Israels (Passa-Hagada) und symbolträchtige Speisen beantwortet wird.

Dabei ist wichtig, dass das Wunder der Befreiung die Väter *und* die nachfolgenden Generationen in gleicher Weise einschließt. – Erinnerung, Lobpreis und die Hoffnung auf endgültige Erlösung bestimmen den Seder.

Jesus wird den Seder als Teil des Passa-Festes zusammen mit seiner Familie – wie alle Juden – gefeiert und als besonderen Höhepunkt des jüdischen Festjahres empfunden haben. Den emotionalen Zugang zu diesem Fest sollen *christliche* Kinder über den feiernden Mitvollzug und die Einführung in die Symbole des Sederabends gewinnen. Dabei ist zu bedenken, dass es sich hier um ein *jüdisches* Fest handelt, das nicht für (noch so gut gemeinte) christliche Zwecke vereinnahmt werden darf.

Zurecht mahnt Paulus die Christen, „nicht du trägst die Wurzel, sondern die Wurzel trägt dich" (Röm 11,18).

Den Kindern muss – auch in der sprachlichen Formulierung der einzelnen liturgischen Teile – deutlich werden, dass „*Juden* den Sederabend mit einem Lobpreis Gottes beginnen und darum (ggf.) singen: Lobet und preiset ihr Völker ..." und der *jüdische Hausvater* als Segensspruch sagt: „Gepriesen seist du, Herr, unser Gott ...".

Die symbolischen Speisen, die bei Juden (bis auf Wein und Mazze) auf einer runden Platte, dem Sederteller, in der Mitte der Festtafel stehen, sind:

| Speise | Bedeutung |
|---|---|
| grünes Kraut (Petersilie oder Salat) | steht beispielhaft für die Früchte der Erde. |
| Schale mit Salzwasser | Hinweis auf die Tränen der Knechtschaft in Ägypten. |
| Mazze | ungesäuertes Brot, das an die Eile des Aufbruchs aus Ägypten erinnert, die keine Zeit für die Durchsäuerung des Brotes ließ (Ex 12,8; Dtn 16,3). |

|  | Die drei Mazzen stehen für die drei Stände der Gemeinschaft Israels: Priester – Leviten – „Israeliten". |
|---|---|
| Bitterkraut | meist geriebener Meerrettich – Zeichen für die bitteren Leiden. |
| Charosset | (von hebr. „Charssit" = „Tonerde") Brei aus geriebenen Nüssen, Äpfeln, Datteln, Zimt, Rosinen und etwas Rotwein bzw. rotem Traubensaft. Farbe und Beschaffenheit des Charosset erinnern an die Lehmziegel, die die Israeliten in Ägypten herstellen mussten (Ex 1,13ff; 5,6ff). |
| Wein | Viermal wird im Laufe des Abends der Becher gefüllt, wobei der Wein die Freude über die Befreiung unterstreicht und die Vier-Zahl die vier Stufen der Befreiung versinnbildlicht: (1) „wegführen" – (2) „erretten" – (3) „erlösen" – (4) „annehmen". |
| gerösteter (Lamm-)Knochen | Hinweis auf das (bis zur Zerstörung des Tempels übliche) Opferlammfleisch. |
| hart gekochtes Ei | Dieses wird unterschiedlich interpretiert: <br> – Symbol der Fruchtbarkeit und der Erneuerung des Lebens <br> – Symbol der Trauer, Hinweis auf die Zerstörung des Tempels <br> – Symbol für das Volk Israel: So, wie ein Ei durch Kochen immer härter wird, wird auch Israel durch Prüfungen immer härter und stärker. |

Zum Sederbrauchtum gehört ferner ein zusätzlicher Weinbecher für den wiederkehrenden Elia, den Vorboten der messianischen Zeit (vgl. Mal 3,23f). Für ihn bleibt auch die Tür angelehnt (s.u.).

Im Folgenden wird auf den gerösteten Knochen und das Ei verzichtet, der Wein durch roten Traubensaft ersetzt; die liturgischen Texte sind stark vereinfacht und gekürzt. Die Liturgie ist um zwei Elemente erweitert:

– die Handwaschung zu Beginn der Feier, durch die die Bedeutung der rituellen Reinigung sinnfällig erfahren werden kann; der Eindruck ist für die Kinder besonders stark und nachhaltig, wenn die Waschung durch die/den L. vorgenommen wird
– das gebackene Lamm.

**Biblischer Bezug**     Ex 1ff, bes. 12f; Mt 26,17ff parr.

**Bezug zum**            Thema „Mose: Gott führt und befreit", in: Religionsunterricht praktisch 3,
**Unterricht**           S. 74ff, bes. S. 82 u. 90
                         Thema „Josef: Israel erzählt von Josefs Weg", in: Religionsunterricht praktisch
                         2, S. 95ff
                         Thema „Passion: Jesu Weg zum Kreuz", in: a.a.O. S. 116ff.

**Adressaten**           Klassen 2–4.

**Vorarbeiten**          Vorzubereiten sind im vorhergehenden Unterricht:

                         – Papiertischdecken oder Sets, die bemalt werden können (z.B. mit Symbolen
                           aus der Mose- und Passionsgeschichte),
                         – ggf. Zeichnungen zum Thema und andere Produkte aus dem Unterricht.

                         Zu besorgen bzw. bereitzustellen sind:

                         – Blumen
                         – bunte Servietten
                         – zwei Leuchter
                         – Kerzen
                         – Teller, Messer, Becher, Löffel
                         – Textblatt mit dem Ritus des Sederabends („Haggada")
                         – Karaffen mit Wasser oder rotem Traubensaft
                         – ein Kuchen in Form eines Osterlammes (Bäcker oder Eltern fragen)
                         – Körbchen mit (3) Mazzen/Knäckebrot
                         – Krug/Schüssel/Handtuch für die Handwaschung
                         – Kassette(n) mit israelischer Folklore u.ä.
                         – Kassettenrekorder.

                         Für je drei Teilnehmer/innen:

                         – Gefäß mit Salzwasser
                         – Teller mit grünen Kräutern (Petersilie oder Salat)
                         – Bitterkraut (Meerrettich)
                         – Charosset.

                         Sofern vorhanden, können ggf. einige Judaica in die Tischdekoration einbezo-
                         gen werden, z.B.

                         – Seder-Schüssel
                         – Thalit (Gebetsschal)
                         – Tora-Rolle
                         – Kiddusch-Becher.

**Zeitbedarf**           ca. zwei Unterrichtsstunden.

# Jüdischer und christlicher Jahreskreis

Die Zusammenstellung des jüdischen und christlichen Festkreises für das Jahr 1996 macht deutlich, dass das christliche Kirchenjahr aus dem jüdischen Jahreskreis hervorgegangen ist. Bei Passa – Ostern wird dies besonders deutlich. Ähnliche Entsprechungen finden sich auch bei Schawuot – Pfingsten.
Der Innenkreis nennt die jüdischen, der Außenkreis die christlichen Feste.

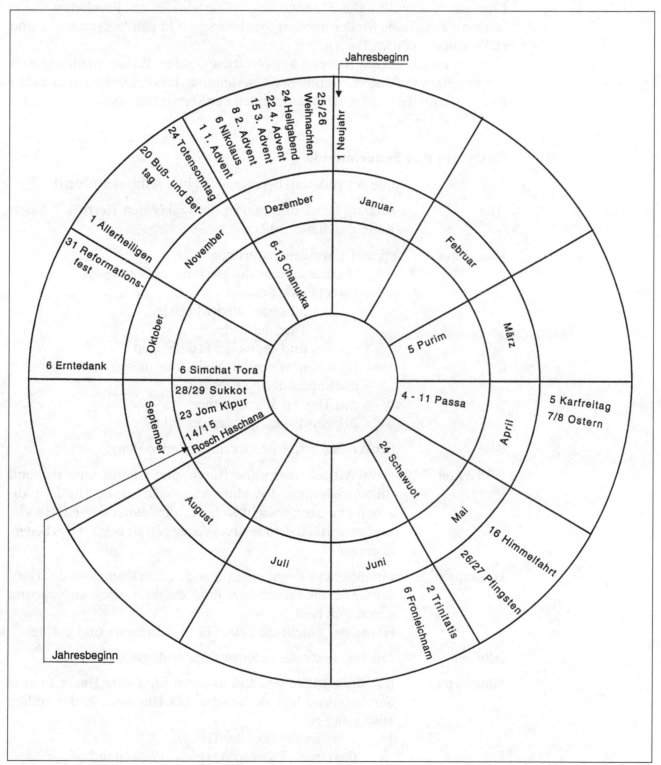

# Gestaltungsvorschlag

### Feier eines Sederabends mit Schülern (vereinfachte Ordnung)

Zu Beginn wird zunächst (ggf. in arbeitsteiliger Gruppenarbeit) der Feierraum festlich hergerichtet (Tischordnung – Decken – Tischschmuck – Kerzen – Blumen – Teller etc. – Ggf. Ehrengedeck/[Wein]glas für den Propheten Elia.)

Dann ziehen die Kinder mit den Symbolspeisen in den Festraum ein und stellen diese auf dem Tisch ab.

Nach einem kurzen Hinweis auf den thematischen Zusammenhang zum vorhergehenden Unterricht und der Klarstellung, dass der Seder ein *jüdisches* Fest ist, kann die Feier mit dem Entzünden der Kerzen beginnen.

### Ordnung des Sederabends

(die Feiernden stehen zunächst hinter ihren Stühlen)

| | |
|---|---|
| Alle | singen „Lobet und preiset ihr Völker den Herrn ...“ (Mein Kanonbuch, Nr. 292) |
| Hausvater | spricht einen Segensspruch:<br>„Gepriesen seist du, Herr, unser Gott.<br>Du schenkst uns<br>    – Jahreszeiten der Freude,<br>    – Tage der Ruhe,<br>    – und Zeiten der Fröhlichkeit.<br>Du schenkst deinem Volk Israel diesen Festtag<br>der ungesäuerten Brote,<br>den Tag, an dem es seiner<br>Befreiung aus Ägypten gedenkt.“ |
| Alle | trinken den *ersten* Becher und nehmen Platz. |
| Hausvater | gießt Wasser über seine Hände und wäscht anschließend (mit Assistenten) den Mitfeiernden die Hände. (In der jüdischen Ordnung wäscht sich nur der Hausvater die Hände, und zwar nach dem ersten Weinsegen zu Beginn des Sederabends.) |
| Hausvater | nimmt etwas Petersilie und sagt: „Gepriesen seist du, Gott. Danke für die Früchte der Erde, die du zu unserer Nahrung geschaffen hast.“<br>Hausvater taucht die Petersilie in Salzwasser und isst sie. |
| Alle | tauchen Petersilie in Salzwasser und essen sie. |
| Hausvater | teilt die mittlere der drei Mazzen, hüllt eine Hälfte in eine Serviette und legt sie beiseite. Mit Hinweis auf die andere Hälfte sagt er:<br>„Dies ist das Brot der Tränen,<br>das Israels Väter in Ägypten gegessen haben. |

In Hast musste es vor der Flucht gebacken werden,
aus rohem Brotteig, der noch nicht mit Sauerteig
vermischt war. Immer wenn Israel zu Passah an den
Auszug aus Ägypten denkt, isst es dieses
ungesäuerte Brot.

Jeder, der hungrig ist, komme und esse!
Wer in Not ist, komme und feiere
das Passa-Fest.
In diesem Jahr hier – im nächsten Jahr in Jerusalem!"

| | |
|---|---|
| Der Jüngste | stellt die vier Fragen: |

„Warum ist diese Nacht so anders als die anderen Nächte?
Warum wird ungesäuertes Brot gegessen?
Warum werden bittere Kräuter gegessen?
Warum feiern Juden dieses Passa-Fest?"

| | |
|---|---|
| Hausvater | „Sklaven waren ihre Vorfahren in Ägypten. |

Der Pharao bedrückte sie hart!
An diese bitteren Zeiten denken sie,
wenn sie die *bitteren* Kräuter essen,
und an die Tränen,
wenn sie das Kraut in *Salzwasser* tauchen.

Sie denken so daran,
als wären sie selbst dabei gewesen.
Sie mussten Ziegel aus braunem Lehm formen,
Lehm, der aussieht,
wie dieses *braune Mus*.
*(Hausvater zeigt auf das Charosset.)*

Doch der Herr führte sie aus Ägypten
mit mächtiger Hand. Eilig mussten sie
aufbrechen. Nur *ungesäuertes Brot*
konnten sie mitnehmen. Die Freiheit
hat Gott ihnen geschenkt und dieses
Land, ganz so, wie er es ihren Vätern
einst versprochen hat!"

| | |
|---|---|
| Alle | trinken den *zweiten* Becher. |
| Alle | tunken „Bitterkraut" (Meerrettich) in das süße Charosset und essen es. Danach streichen alle etwas „Bitterkraut" zwischen zwei Stückchen Mazze und essen es. |
| Lied | „Als Israel in Ägypten war" (in: Religionsunterricht praktisch 3, S. 79). |
| Helfer | tragen das gebackene Lamm auf. |
| Hausvater | Tischgebet oder Lied |
| Alle | essen das Lamm – Mazze mit Bitterkraut und Charosset etc. nach Bedarf |

Während des Essens können ggf. ein jüdisches Märchen vorgelesen (z.B. „Der warme Mazzen" – s. Anlage) und/oder
Folklore-Lieder aus Israel (s. Medienhinweise) eingespielt/
gehört werden.

| | |
|---|---|
| Alle | trinken den *dritten* Becher<br>(In der Sederordnung wird nun die Tür geöffnet, symbolische Willkommensgeste an den Propheten Elia, den Künder der messianischen Zeit.). |
| Hausvater | verteilt an alle – gleichsam als Nachtisch – ein Stückchen von der zu Anfang beiseite gelegten Mazze. – Alle essen. |

---

Hausvater spricht einen Lobpreis, der die Gedanken auf die Zukunft richtet, z.B.

> „In jedem Zeitalter ist das Volk Gottes bedroht,
> aber ER wird es erretten,
> wie damals, als alles anfing, im Ägypten des Pharaos.
> Und einmal werden alle Völker teilhaben
> an einem Leben in
> – Freiheit,
> – Gerechtigkeit,
> – Liebe,
> – Frieden.
> Darauf freuen wir uns mit Israel."

*(aus: Lebenszeichen 5/6, S. 250)*

| | |
|---|---|
| Alle | prosten einander zu oder singen „Nächstes Jahr in Jerusalem!" |
| Alle | trinken den *vierten* Becher. |

(Ggf. Danklied, z.B. „Danket, danket dem Herrn ..." [Mein Kanonbuch, Nr. 50])

---

### Varianten und Ergänzungen

Tanz zu dem hebräischen Lied „Lecha Dodi" (= „Komm, mein Freund"). Das Lied ist z.B. auf der Cassette „Shalom" (Seite A, Nr. 2, und „Songs for Hanukah and other Festivals" – s. Medienhinweise) zu finden.

### Tanz zum Lied „Lecha-Dodi"

(„Komm, mein Freund, der Braut (= Sabbat) entgegen ...")

Vereinfachter Vorschlag für eine Choreographie:

1. Kinder stehen im Kreis und fassen sich an:

   8 Schritte nach links gehen
   8 Schritte nach rechts gehen } sehr langsam

2. stehen – loslassen

   8 Schritte zurück – klatschen
   8 Schritte nach vorne – klatschen } 2 x schnell

3. Arme über die Schultern des Nachbarn legen

   8 Schritte nach links
   8 Schritte nach rechts
   8 Schritte nach links } 2 x

4. 8 Schritte zurück
   8 Schritte vor –
   die Hände zur Mitte hin hochnehmen } 2 x

5. Wie Nr. 1

## Literaturhinweise

G. Fohrer, Glaube und Leben im Judentum, (UTB 885), Quelle & Meier, Heidelberg 1991[3], S. 90ff

Jüdische Märchen, Teil 1, Michele Ronez, Boppard 1991 (Inhalt: [I] Vom neugierigen Geizel – Der Tempel der Bruderliebe – Der jüdische Kalender – Die Bäume und das Eisen – [II] Des Teufels böses Weib – Das Chanukka-Licht – Das Märchen vom Ende der Welt), Kassette

I.M. Lau, Wie Juden leben. Glaube, Alltag, Feste, Gütersloher Verlagshaus Gerd Mohn, Gütersloh 1997[4], S. 254ff

J. Radel, Zu Gast in Israel. Eine kulinarische Reise. Jüdische und orientalische Spezialitäten, alte und neue Eßgewohnheiten, Kunstverlag Weingarten, Weingarten 1994[3], S. 35ff

M. Rink, Was habt ihr da für einen Brauch? Jüdische Riten und Feste. Eine Arbeitshilfe für Schule und Gemeinde, (Schönberger Hefte – Sonderband), Ev. Presseverband in Hessen und Nassau, Frankfurt/M. o.J.

J. Robbins Sypal/M. Wikler, Meine eigene Haggadah, Wizo Aviv, Zürich 1984 (Bezug: Sekretariat WIZO, Lavaterstr. 33, Ch-8002 Zürich)

H.G. Sanmann, Jüdische Speisen im Religionsunterricht, in: Praxis Grundschule 2/1993, S. 20ff

L. Trepp, Die Juden. Volk, Geschichte, Religion, (re 452), rowohlt, Reinbek b. Hamburg 1998, S. 212ff

M. u. U. Tworuschka, Hg., Vorlesebuch Fremde Religionen, Bd. 1: Judentum – Islam, Kaufmann/Patmos, Lahr/Düsseldorf 1993[2], S. 23ff

W. Walter, Meinen Bund habe ich mit dir geschlossen. Jüdische Religion in Fest, Gebet und Brauch, Kösel, München 1993, S. 39ff

# Medien

**Video**            Pessach (Fest und Feiern im Judentum), Calwer, Stuttgart, 10'

**Tonbild**          Passah-Shavuot-Sukkot, (Jüdische Feste und Riten IV), FWU München, 35
                     Farbdias, Cassette 25'

**Lieder aus Israel**   z.B. Populäre Musik aus Israel – instrumental, Koch International/Austria
                     (Bcst.-Nr. 222 887 C)
                     Shalom. Folklore und neue Songs aus Israel, Ergo International, Augsburg
                     (Best.-Nr. 701 474 C)
                     Songs for Hanukah and other Festivals, The Haimsche Music Company, Palm
                     Desert, California

**Jüdische Märchen**   Jüdische Märchen. Fischer, Frankfurt/M. 1989

**Anlage**

## Der warme Mazzen

Vor vielen Jahren lebte in der Stadt Mainz ein ehrbarer Mann. Der hieß Amnon und hatte einen Sohn, den er Eliezer nannte. Als Amnon eines Tages merkte, dass er sterben würde, rief er seinen Sohn und sprach zu ihm: „Mein lieber Sohn, es ist mein letzter Wille, dass du niemals die Donau überquerst." Eliezer küsste die Hand seines Vaters unter Tränen und sagte: „Ich will deinen Wunsch gerne erfüllen, Vater."

Nun hatte Amnon einen Verwandten, der auf der anderen Seite der Donau in Regensburg lebte. Dieser Verwandte war der Rabbi Juda der Fromme, der landauf landab berühmt war wegen seiner Weisheit und Frömmigkeit. Als Eliezer von dessen Gelehrsamkeit und Berühmtheit hörte, wollte er gerne zu ihm gehen und von ihm lernen. Viele Jahre wünschte er sich insgeheim nach Regensburg zu seinem Verwandten, aber der letzte Wille seines Vaters hielt ihn davon ab, dies auch in die Tat umzusetzen. Zu guter Letzt konnte er seinem innigsten Wunsch nicht mehr Herr werden. Er ließ sich über die Donau schiffen, um den großen Gelehrten zu besuchen.

Als er Regensburg erreicht hatte, begab er sich auf direktem Wege zum Hause des Rabbi Juda. Dieser begrüßte ihn mit folgenden Worten: „Eigentlich sollte ich dich überhaupt nicht willkommen heißen, weil du der Anweisung deines Vaters nicht gehorcht hast. Weil du aber trotz deines Ungehorsams so eifrig bestrebt bist, in der Tora unterrichtet zu werden, will ich dich dennoch herzlich begrüßen: Friede sei mit dir!" Eliezer war erstaunt, dass Rabbi Juda seine geheimsten Gedanken erraten konnte. Seine Verblüffung war so groß, dass er kein Wort der Erwiderung fand. ...

So verbrachte er viele Jahre im Jeschiwa- (= *Tora*) Studium zu Füßen des Rabbi Juda, indem er mit großem Eifer und Fleiß alles, was sein Lehrer ihn lehrte, zu ergründen trachtete, um die Geheimnisse der Tora zu verstehen. ...

Am Abend eines Passafestes überkam ihn eine große Traurigkeit. Er dachte bei sich selbst: ‚Ach, säße ich doch an diesem Passaabend zu Hause an meinem eigenen Tisch als bei jemand anderem, wo mir meine Frau und meine Kinder fehlen.' ...

Als der Rabbi Juda bemerkte, was im Innern seines Schülers vor sich ging, sagte er zu ihm: „Ich weiß, warum du bedrückt bist und wonach du dich sehnst. Dein Wunsch ist es, wieder bei deiner Frau zu sein und den Antworten deines Sohnes auf die Vier Fragen zu lauschen." Mit einem tiefen Seufzer erwiderte Eliezer: „Ich werde dir die Wahrheit sagen, guter Rabbi. Mein Wunsch ist es wirklich, heute Abend wieder bei meinen Lieben zu Hause zu sein ...".

„Es ist spät und wir haben nicht viel Zeit", schmunzelte der Rabbi. „So lass uns zunächst einen Mazzen für das Passafest backen und danach werde ich überlegen, wie du nach Hause kommen kannst."

Eliezer war über diese Worte sehr verwirrt und er dachte bei sich selbst, wenn die Zeit jetzt schon so knapp war, dann würde es ja noch viel später, wenn der Mazzen fertig sein würde. Rabbi Juda ging mit Eliezer zum Bäcker. Sein Schüler half ihm, dem Bäcker die jeweiligen Zutaten für den Mazzen zu reichen. Währenddessen ging der Rabbi auf und ab und achtete mit Sorgfalt darauf, dass alles genau nach den Vorschriften geschah. Als der Bäcker den letzten Mazzen aus dem Ofen holte, übergab Rabbi Juda ihn Eliezer und sagte: „Nimm diesen Mazzen, mein Freund, und stecke ihn in deine Tasche. Gib ihn deiner Frau, wenn du nach Hause kommst – er wird dann noch ofenwarm sein." Der Rabbi befahl, dass die übrigen Mazzen in sein Haus gebracht werden sollten, und dann sagte er zu Eliezer: „Lass uns auf den Wiesen spazieren gehen."

Eliezer ging traurig an seiner Seite, denn er war durch all die Jahre des gemeinsamen Studierens seinem Lehrer wie ein Sohn geworden. Rabbi Juda bemerkte, was in seinem Schüler vorging, legte seine Hand auf dessen Schulter und sagte: „Ich weiß, was du eigentlich lernen willst. Immer schon strebtest du danach, von mir die Geheimnisse der Tora zu erfahren." „Ja", antwortete Eliezer, „das war der Grund, weshalb ich zu dir kam." „Eigentlich hätte ich dich überhaupt nichts lehren dürfen, da du dem letzten Willen deines Vaters ungehorsam warst. Doch weil du mein Verwandter bist und so lange hier mein Schüler warst, will ich dich wenigstens eine kleine Weisheit lehren." Dann nahm er seinen Stock, schrieb einige heilige Worte in den Sand und bat Eliezer, es ihm vorzulesen. Eliezer begann zu lesen. Und in diesem Moment war ihm, als würde sein Geist von einem hellen Licht erleuchtet werden und er wusste augenblicklich die ganze Tora auswendig und kannte alle ihre Geheimnisse wie sein Lehrer. Rabbi Juda verwischte die Worte auf der Erde und streute frischen Sand darüber. Sofort vergaß Eliezer alles, was er in den zurück-liegenden wenigen Sekunden begriffen hatte. Rabbi Juda tat dies dreimal. Und jedes Mal war Eliezer darüber sehr bekümmert, dass er alles vergaß. Nach dem vierten Mal dieser eigenartigen Zeremonie forderte Rabbi Juda ihn auf, die Worte mit seiner Zunge aufzule-cken. Eliezer kniete nieder, leckte alle Worte auf und schluckte sie mit dem Sand zusam-men hinunter. Als er dies tat, wurden die Worte ein Teil von ihm. Und von dieser Stunde an vergaß er nicht einen Buchstaben dieser großen Weisheiten.

Die Sonne wollte gerade untergehen, als Rabbi Juda seine Hände segnend auf Eliezers Haupt legte und sagte: „Gehe in Frieden!" Als Eliezer sich auf den Weg machte, war er voller Freude bei dem Gedanken, dass er bald zu Hause in Mainz sein würde. Er hielt einen Augenblick inne und schloss bei seinem schönen Gedanken die Augen, und als er sie wieder aufschlug, sah er, wie er direkt vor seinem Haus in Mainz stand. Er ging hinein, begrüßte seine Frau und Kinder, küsste sie, und dann wandte er sich an seine Frau: „Hier ist ein Geschenk von Rabbi Juda dem Frommen." Seine Frau nahm den Mazzen und rief: „Sieh nur, er ist noch ganz warm, als ob er gerade aus dem Ofen käme!" Eliezer lächelte, kleidete sich in sein Festgewand und begab sich in die Synagoge. Alle seine Freunde begrüßten ihn dort und fragten ihn, wo er um alles in der Welt in der vorigen Nacht geschlafen habe - war es doch nicht Sitte, dass Toragelehrte am Sabbatabend oder sonsti-gen Feiertagen eine Reise unternahmen. „Vor einer Stunde war ich in Regensburg", erzählte er, „um Rabbi Juda bei der Zubereitung der Mazzen für das Fest zu helfen. Er gab mir einen als Geschenk für meine Frau, und ihr könnt zu ihr gehen und sie fragen – sie wird euch bestätigen, dass der Mazzen, als ich ihn ihr gab, noch so warm war, als käme er gerade aus dem Ofen." Seine Freunde nickten nur ehrfürchtig, denn sie merkten, dass hier etwas Wundersames geschehen war.

*(aus: A. Barash, Eine Stimme vom Himmel, [GTB 1099], Gütersloher Verlagshaus, Gütersloh 1987, S. 38–43 i.A.)*

# 2 „Gott, ich staune, lauter Wunder ..." (Schöpfung)

**Kurzinhalt**

>   – Begrüßung
>   – Lied „Du hast uns deine Welt geschenkt"
>   – Gedicht „Gott, ich staune ..."
>   – Überleitung
>   – Teppich mit Ps 104 und Mandala
>   – Lied „Du hast uns deine Welt geschenkt ..."
>   – Stilleübung mit Apfel
>   – Essen
>   – Danklied.

**Thematisches Stichwort**

Bedarf ein „Schöpfungsfest" im Religionsunterricht der didaktischen Rechtfertigung? Steigende Ozonwerte, umkippende Gewässer, die dramatische Zunahme von Allergien und Atemwegserkrankungen nähren die Zweifel, ob die Erde noch zu retten ist.

Die Entscheidungen über einen behutsameren Umgang mit der Schöpfung werden letztlich nicht in Kinder- und Klassenzimmern getroffen, sondern in Parlamenten und Konzernzentralen. Gleichwohl ist jede/r Einzelne mitverantwortlich für die Zukunft dieses Planeten.

Die Entdeckung des Schöpfungscharakters alles Seienden, die Anleitung zum Sehen, Staunen und Loben sind darum ein wichtiger Beitrag der Schule und des Religionsunterrichts zu einem schöpfungsgemäßen Leben.

Psalm 104 als Bezugsgröße scheint auch für jüngere Kinder besonders geeignet,

– das Gespür für das Staunenswerte – auch im Unscheinbaren – zu schärfen
– die Vernetzung aller Lebensdimensionen miteinander und die Geschwisterlichkeit von Menschen, Tieren, Pflanzen zu erahnen
– die Zuordnung der Teile zu einem Ganzen zu empfinden
– Gottes verborgene Handschrift hinter und in den Dingen zu sehen
– in Lob und Dank der biblischen Zeugen einzustimmen
– das Gefühl der Verantwortung für das aufzubauen, was uns als Lehen, nicht jedoch als Besitz anvertraut ist.

Im Mittelpunkt des Festes stehen ein aus dem Unterricht erwachsener Wandteppich zu Psalm 104 (mit Text und Mandala aus Naturmaterialien) sowie eine Stille-Übung mit einem quer durchgeschnittenen Apfel – paradigmatisches Symbol für Rundgestalt und Mitte als zentrale Grundfigur des Lebens.

Ein Schöpfungsfest als Höhepunkt und Abschluss einer Unterrichtsreihe zum Thema Schöpfung soll noch einmal wiederholend den Reichtum der Schöpfung als Gottesgeschenk vor Augen führen und sinnlich-meditativ erschließen, wie sich in einem Apfel das Wunder der Schöpfung spiegelt und zum Gegenstand staunenden Lobpreises werden kann.

**Biblischer Bezug**

Ps 104 i.A. – Vgl. auch Ps 8.148; Jes 40,12ff; Hi 38–40 i.A. Ferner: Gen 1 und 2 (Vgl. Religionsunterricht praktisch 1, S. 135f und Religionsunterricht praktisch 4, S. 7f.)

| | |
|---|---|
| **Bezug zum Unterricht** | Thema „Gottes Schöpfung entdecken: Staunen – danken – loben", in: Religionsunterricht praktisch 1, S. 139ff. |

Neben diesem Hauptbezug bieten sich als Nebenbezüge an:

Thema „Schöpfung als Geschenk und Aufgabe: In Gottes Händen ist das Leben geborgen", in: Religionsunterricht praktisch 4, S. 11ff.

Thema „Brot des Lebens: Durch Teilen und Vertrauen wird ein jeder satt", in: Religionsunterricht praktisch 4, S. 108ff.

Vgl. ferner folgende Schulgottesdienst-Modelle:
„Vom Senfkorn lernen", in: Schulgottesdienste mit Religionsunterricht praktisch, Bd. 1, S. 43ff
„Neues Leben unterm Regenbogen", a.a.O. S. 63ff
„Laudato si ..." – Die Schöpfung loben, a.a.O. S. 73ff
„Menschen brauchen nicht nur Brot", a.a.O. S. 83ff
„Schwester Lerche" und „Bruder Spatz", in: Schulgottesdienste mit Religionsunterricht praktisch, Bd. 2, S. 49ff.

**Adressaten**  Klasse 1–4

**Vorarbeiten**  Aus dem vorbereitenden Unterricht liegen vor bzw. sind bekannt:

- Lieder „Du hast uns deine Welt geschenkt" (mit körpersprachlicher Begleitung)
- Gedicht „Gott, ich staune ..."
- Gebet
- Wandteppich mit Text des 104. Psalms und einem Mandala aus Naturmaterialien.
  Der Teppich wurde auf der Basis von grobem Leinen (ca. 150 cm x 120 cm) aus zwei Teilen angefertigt:
  Die linke Hälfte enthält den Wortlaut des Psalms (s. Religionsunterricht praktisch 1, S. 150, M 8, mit Stoffstiften auftragen), die rechte Hälfte trägt in Mandalaform (aufgeklebt oder aufgenäht) Naturmaterialien, die die Schönheit und Vielfalt der Schöpfung belegen, z.B. Gräser, Moos, Baumrinde, Wurzel, Stein etc. Thematische Anklänge an die Bilder des Psalms können sich ergeben, sind aber nicht zwingend.

In die Raumgestaltung (s. S. 10.13f) werden auch die Ergebnisse einbezogen, die im Laufe der Reihe entstanden sind bzw. zusammengetragen wurden (Bilder, „Sammelseiten", Texte, Puzzle zu Ps 104, Sockel mit „Alltagsschätzen", vgl. Religionsunterricht praktisch 1, S. 141ff).

Für das Fest zu besorgen bzw. bereitzustellen sind ferner:

- flache Schale mit Nüssen, Steinen, Tannenzapfen, Blüten, Federn etc. (vgl. Sockel mit „Alltagsschätzen") zur Gestaltung einer „Mitte" (s.u.)
- Äpfel in Zahl der Festteilnehmer
- Messer, Servietten
- Apfelsaft.

**Raumgestaltung**     Die Tischgruppen sollten so angeordnet werden, dass die Mitte für die gestaltete Schale (s.o.) und die aus dem Unterricht hervorgegangenen Produkte frei bleibt.

Der Teppich wird an die Wand gehängt (oder bei ausreichendem Raum gleichfalls in die Mitte gelegt).

---

# Gestaltungsvorschlag

**Begrüßung**     (In der Begrüßung weist L. unter Bezug auf die Ergebnisse/Produkte aus dem Unterricht – insbesondere die gestaltete Mitte – auf den Anlass des Festes hin und lädt zur Feier der guten Schöpfung Gottes ein. Während der Begrüßung sollten die Sch. nach Möglichkeit im Kreis um die „Mitte" mit den Schöpfungssymbolen stehen.)

**Lied**     „Du hast uns deine Welt geschenkt ..." (Str. 1–4, s. Religionsunterricht praktisch 1, S. 151, M 9), mit körpersprachlichen Gesten. In Str. 1 ist zu ergänzen: „Welt": Mit den Händen über dem Kopf eine große Kugel formen – „Himmel": Arme, Hände zeigen nach oben – „Erde": Arme, Hände zeigen nach unten.

**Gedicht**     „Gott, ich staune ..." – Text (s. a.a.O., S. 146, M 3) von mehreren Sch. vortragen lassen; die einzelnen Strophen ggf. durch Triangel-Schläge voneinander absetzen.

**Überleitung**     (Sch. nehmen im Halbkreis um den Teppich Aufstellung.)
      L. fordert die Sch. auf, ihr Mandala aus Naturmaterialien zu beschreiben und zu reflektieren; sie sollen sich noch einmal wiederholend ihrer Auswahl,

des Modus der Anordnung ihrer „Schätze" bewusst werden und beschreiben, wie sich diese Gegenstände anfühlen.

Chorweise oder ggf. durch einzelne gute Leser wird sodann der Text von Ps 104 – u.U. begleitet durch einfache Glockenspielakkorde – gelesen. Textvorlage: a.a.O., S. 150, M 8.

**Lied**            „Du hast uns deine Welt geschenkt ...", Str. 5–7 (ebd.).

**Stilleübung**     Sch. setzen sich in den Stuhlkreis. L. fordert Sch. auf, ihre Hände zur Schale zusammenzulegen. In diese Handschale legt L. jedem Sch. einen Apfel. L. regt an, zunächst auf den *Geruch* des Obstes zu achten und ihre Wahrnehmungen einander mitzuteilen.

Mögliche Beobachtungen können sein: „Mein Apfel riecht säuerlich" – „... frisch" – „... fruchtig" – „... süß" etc.

Sodann fordert L. die Sch. auf, (ggf. mit geschlossenen Augen) mit der *Fingerspitze* über die Apfelschale zu fahren und das Ertastete zu beschreiben (z.B. „glatt", „rund", „wächsern" etc.).

In einer dritten Phase soll das *Innere* des Apfels wahrgenommen werden. Dazu werden die Äpfel quer durchgeschnitten, eine Hälfte zur Seite gelegt, die andere mit der Schnittfläche nach oben in die Handschale gelegt und intensiv angeschaut.

Mögliche Wahrnehmungen können sein: „Der aufgeschnittene Apfel ist innen rund wie eine Scheibe" – „Er ist wie ein kleines Kunstwerk" – „In seiner Mitte ruhen 5 dunkle Kerne. Sie bilden zusammen einen Stern" – „Um den Stern ist das Fruchtfleisch etwas dunkler".

Sch. nehmen die zusammengetragenen Beobachtungen in eine durch Triangel-Schlag markierte kurze Stille hinein. An deren Ende fasst L. einige Eindrücke in einer kleinen Meditation zusammen:

L. spricht ggf. folgenden meditativen Text:

Meine Apfelhälfte ist rund,
rund wie eine Sonnenblume,
rund wie eine Perlenkette,
rund wie die Kreise,
die ein Stein im Wasser zieht.

Meine Augen wandern langsam vom Rand,
von der Schale des Apfels zur Mitte.

Fünf dunkle kleine Kerne umstellen die Mitte.
Von der Mitte her
ist der Apfel gewachsen.

Von der Mitte her
entfaltet sich das Leben.

In der Mitte ist Leben.
In der Mitte ist Gott.

*H.F.*

**Essen**

Sch. werden aufgefordert, die zuvor betrachtete Apfelhälfte zu *essen*. Dazu wird Apfelsaft gereicht.

Später können die Kinder ihre zweite Apfelhälfte an ein anderes Kind verschenken. Dabei ist darauf zu achten, dass alle Kinder beschenkt werden. Sch. essen die zweite Hälfte.

Das Apfelmahl kann mit folgendem Apfelgedicht/-lied schließen:

Text und Melodie: Hanni Neubauer

2.  Apfel am Baum, du bist schön rund.
    Ich ess dich gerne, denn du bist gesund.

3.  Apfel am Baum, du bist voll Saft.
    Ich ess dich gerne, denn du gibst Kraft.

4.  Apfel am Baum, köstlich schmeckst du.
    Ich ess dich gerne, ganz schnell im Nu.

*(aus: Arbeitsheft Religionspädagogische Praxis, Jhg. 1989, Nr. III, S. 23 „Der Herbst beschenkt uns reich an Gaben", RPA Verlag, 84030 Landshut)*

### Alternative für ältere Kinder:

Text: Hermann Claudius
Melodie: Wilhelm Twittenhoff

2. Dann waren Blätter grün an grün und grün an grün nur Blätter.
   Die Amsel nach des Tages Mühn, sie sang ihr Arbeitslied gar kühn
   und auch bei Regenwetter.

3. Der Herbst, der macht die Blätter steif. Der Sommer muss sich packen.
   Hei, dass ich auf dem Finger pfeif': Da sind die ersten Äpfel reif
   und haben rote Backen.

4. Und haben Backen gelb und rot und hängen da und nicken
   und sind das lichte Himmelsbrot. Wir haben unsre liebe Not,
   dass wir sie alle pflücken.

5. Und was bei Sonn' und Himmel war, erquickt nun Mund und Magen
   und macht die Augen hell und klar. So rundet sich das Apfeljahr,
   und nichts ist mehr zu sagen.

*(aus : Lob des Apfels [EN 1158] © by Nagels-Verlag)*

**Gebet**    Gott, wir loben dich und danken dir!
Du hast die Erde so schön gemacht,
den Frühling, den Sommer,
den Herbst und den Winter.
Und du hast uns versprochen:
solange die Erde steht, soll nicht aufhören
Saat und Ernte, Frost und Hitze,
Sommer und Winter, Tag und Nacht.
Du hast uns alles gegeben,
was wir brauchen,
auch Menschen, die uns lieb haben.
Wir danken dir dafür.
Und deshalb lass uns mithelfen,
dass wir mit deiner Erde schonend umgehen,
dass wir sie schützen und erhalten.
Lass uns nie vergessen,
dass sie dein Geschenk an uns ist.
Amen.

*(aus: Landeskirchenamt der Ev. Kirche von Kurhessen-Waldeck, Hg., Gottesdienste*
*mit Kindern. Arbeitshilfe für Mitarbeiterinnen und Mitarbeiter im Kindergottes-*
*dienst, Kassel o.J., S. 88)*

**(Dank)Lied**    Sch. bilden einen Stuhlkreis, fassen sich an und singen: „Du hast uns deine
Welt geschenkt ...", Str. 8f (ebd.).

**Weitere Liedvorschläge**

„Deine Welt ist voller Wunder" (R. Krenzer, Das große Liederbuch [s. Anhang], Nr. 9)

„Diesen schönen Apfel ..." (Schwerter Liederbuch Nr. 304, Str. 2)

„Gott schuf die Erde für uns alle" (Misereor-Fastenkalender 93, 25. März)

„In einem kleinen Apfel" (W.A. Mozart)

„Menschenkinder auf Gottes Erde" (Schwerter Liederbuch, Nr. 307); Tanz dazu in: E. Hirsch, Schließt euch zusammen ... (s. Lit., S. 16)

„So wie im Apfel tief der Kern verborgen liegt" (G. u. R. Maschwitz, Stilleübungen [s.. Literaturverzeichnis], S. 150f)

„Will heut' Äpfel pflücken" (R. Krenzer, Ich freu' mich, dass du da bist. Meine schönsten Lieder, Herder, Freiburg i. Br. 1989[3], Nr. 109)

---

**Varianten und Ergänzungen**

Die folgenden Anregungen können ergänzend oder alternativ zu den oben beschriebenen Möglichkeiten Berücksichtigung finden. Was sinnvoll ist, hängt wesentlich von der jeweiligen Klasse bzw. Altersstufe, der Vorarbeit und der verfügbaren Zeit ab. Zu bedenken ist ferner, dass das Fest *einen* erkennbaren Mittelpunkt hat und nicht überfrachtet ist. Folglich sind z.B. alternativ auszuwählen: die Stilleübung mit dem Apfel *oder* das chorische Malen zur Erzählung „Die Muschel und der Fisch" etc.

**1. Chorisches Malen**

„Chorisches Malen" lässt eine Art Gemeinschaftsbild entstehen, an dem viele/ alle Sch. – parallel zur Erzählung – beteiligt sind. Im vorliegenden Fall soll „Die Muschel und der Fisch" (s. Religionsunterricht praktisch 1, S. 146, Anlage 7) auf diese Weise visualisiert werden:

Falls die Gruppe nicht zu stark ist (bis ca. 15 Sch., bei größeren Gruppen Malbogen an Wand/Tafel befestigen), setzen sich die Sch. um einen großen Papierbogen (ca. 200 cm x 200 cm); Wachsmalstifte oder Pastellkreiden liegen bereit.

L. liest langsam und ausdrucksvoll die o.a. Geschichte vor. Am Ende eines Satzes/Absatzes hält sie/er ein, um Gelegenheit zum Malen ausgewählter Objekte zu geben. Im 1. Absatz sind das z.B. „Seegrund" und „Muschel"; im 2. Absatz: „Wasserpflanzen", „Steine", „verschiedenartige Fische". – Die Kinder können nacheinander oder auch gleichzeitig malen. Grundprinzip sollte nur sein, dass während des Lesens nicht gemalt und während des Malens nicht gelesen wird.

Abschluss: Kurzes deutendes Gespräch über die „Botschaft" der Erzählung und deren Bezug zum eigenen Leben: Wann bin ich „Fisch", wann „Muschel"? Was nehme ich, der Muschel gleich, in mein Herz auf?

Ggf. Spiel zur Erzählung.

**2. Stilleübung mit Erde**

Sch. sitzen im Stuhlkreis. Eine Schale mit Blumenerde wandert herum und lädt jeden Sch. ein, die Erde

– in die Hand zu nehmen
– durch die Finger rieseln zu lassen
– zwischen den Fingern zu zerbröseln
– zu riechen
– Farbe und Beschaffenheit zu prüfen
– in die Erde „hineinzusehen" (vgl. a.a.O., S. 138).

Während die Schale im Kreis herumwandert, *summen* die gerade nicht mit der „Erde" beschäftigten Sch. leise das Lied:

Text: Reinhard Bäcker
Musik: Detlev Jöcker

2. Auf der Erde kannst du stehen –
stehen, weil der Grund dich hält
und so bietet dir die Erde
einen Standpunkt in der Welt.

In die Erde kannst du pflanzen –
pflanzen einen Hoffnungsbaum
und er schenkt dir viele Jahre
einen bunten Blütentraum.
*Refrain:* Eine Handvoll Erde ...

3. Auf der Erde darfst du leben –
leben ganz und jetzt und hier
und du kannst das Leben lieben,
denn der Schöpfer schenkt es dir.

Uns're Erde zu bewahren –
zu bewahren, das, was lebt,
hat Gott dir und mir geboten,
weil er seine Erde liebt.
*Refrain:* Eine Handvoll Erde ...

*(aus Buch und MC: Heut ist ein Tag, an dem ich singen kann – Folge 1; alle Rechte im Menschenkinder Verlag, 48157 Münster)*

Wenn die Schale einmal ganz durchgelaufen ist, *singen* alle das o.g. Lied.

Abschluss ggf. mit einer kleinen Meditation. Dazu kann die Erde in die Mitte auf ein braunes, zum Kreis geformtes Tuch geschüttet werden. Alle gruppieren sich um diese Mitte.

L. nimmt eine Handvoll Erde und spricht folgenden Text:

„Wenn die Erde sprechen könnte, würde sie uns vielleicht folgende Worte sagen:

> ‚Ich bin Erde,
> dunkle, gute, weiche Erde.
> Ich bin voller Leben.
> Millionen winzig kleine Lebewesen
> haben in mir ihre Wohnung.
> Ich bin wie ein kleines Wunder Gottes.
> Ich bin stark und kräftig.
> Ich kann Samen nähren,
> kann Gräser und Bäume wachsen lassen.
> In mir kann wachsen, was Menschen und Tiere zum Leben brauchen.
> Doch manchmal habe ich Angst.
> Ich habe Angst, wenn ich mit Füßen getreten werde.
> Ich habe Angst, wenn ich vergiftet und zubetoniert werde.
> Seid gut zu mir,
> so wie Gott gut zu mir war,
> als er mich schuf.
> Geht behutsam mit mir um,
> Gott will es so.' "                                        *H.F.*

Die Meditation kann mit einer Modifikation des Refrains zum o.g. Lied (S. 41) schließen:

Text: Reinhard Bäcker
Musik: Detlev Jöcker

*(aus Buch und MC: Heut ist ein Tag, an dem ich singen kann – Folge 1; alle Rechte im Menschenkinder Verlag, 48157 Münster)*

Ggf. können die Kinder im Sinne der Handlungsorientierung Tontöpfchen mit Blumenerde füllen, eine Blumenzwiebel hineinpflanzen (Keim nach oben) und an Großeltern, Menschen im Altersheim oder in einer Asylunterkunft verschenken.

**3. Tanz**

- Eine einfache Choreographie zu Ps 104 enthält RPP 1986, 3, S. 10f. – Anspruchsvoller: W. Longardt, Spielbuch Religion 2, Benziger/Kaufmann, Zürich/Köln/Lahr 1981, S. 76–79.
- Ein Tanz zu dem Kanon „Jeder Teil dieser Erde ..." (in: Schwerter Liederbuch, Nr. 296) ist in RPP 1987, 1, S. 18f, abgedruckt.
- Schöpfungstanz (Reigentanz zu den Elementen Erde – Wasser – Wind – Sonne) in: E. Hirsch, Schließt euch zusammen ... (s. Literatur S. 16), S. 30.

**4. Samenkorn**

Auch die Bildworte von „Senfkorn" (Mk 4,30–32 parr.) und „Weizenkorn" (Joh 12,24ff) bieten sich für das Thema „Schöpfung" an, indem sie besonders sinnenfällig das Wunder des Wachsens zum Ausdruck bringen. Pantomimische bzw. meditative Anleitungen finden sich an den nachstehend genannten Orten:

Senfkorn: Religionsunterricht praktisch 3, S. 26.32. Schulgottesdienste mit Religionsunterricht praktisch, Bd. 1, S. 46–48; dort sind auch thematisch stimmige Lieder genannt.

Weizenkorn: Religionsunterricht praktisch 1, S. 129.

**5. Naturale Meditation mit Eichel**

„Eine Eichel in meiner Hand.
Ich ertaste sie mit meinen Fingern.
Wie fühlt sie sich an?
Kalt, glatt, rund, oval, rau, rifflig?

Ich lasse sie in meiner Hand ruhen.
Ich spüre ihre Leichtigkeit,
eine kleine, leichte Eichel.

Glatt und rau zugleich,
rund und oval zugleich,
mit einer rauen Mulde hier
und einem spitzen Stachel da,
2 Pole – eine runde, raue Mulde,
ein harter, spitzer Stachel.

Haltet die Eichel zwischen Zeigefinger
und Daumen, so dass der Zeigefinger
in der Mulde ruht.

Ich spüre ihre Leichtigkeit,
eine schwerelose Frucht
mit einem starken Kern.

Kann daraus ein (starker) Baum keimen?
Steckt in ihr die Kraft, ein Baum zu werden?
Mit ihrem starken Stachel bohrt sie sich in das Erdreich.
Was wird aus ihr?
Leblos fühlt sie sich an,
aber verborgen in ihr steckt Leben,
das geweckt werden kann.
Sehe ich den Baum, der aus dieser Frucht erwächst?
Ich spüre das Wachsen,
ich richte mich auf."

*I. Hofmann/D. Kalies*

**6. Regenbogen-**
   **tanz**

Text: Rolf Krenzer
Musik: Ludger Edelkötter
Tanz: Siegfried Macht

2.  Und alle bleiben stehn, um ihn sich anzusehn.

3.  Damit ihr's alle wisst, dass Gott uns nicht vergisst.

*Refrain 1:*
Die Kinder hocken (sitzen, knien) in einer Reihe auf dem Boden. Mit Beginn des Liedes stehen sie, in der Mitte der Reihe anfangend, auf, so dass sich ein (Regen-)Bogen bildet, der auch im Stand erhalten bleibt, da die größeren Kinder in der Mitte stehen und die anderen so gruppiert sind, dass sie zu beiden Seiten wie die Orgelpfeifen kleiner werden. Bei den Worten „übers Land gezogen" wird durchgefasst, und indem die größeren Kinder in der Mitte zurücktreten und die kleineren etwas vortreten, entsteht über dem Halbkreis zum Ende der Wiederholung ein geschlossener Kreis mit Blick zur Mitte.

*1. Strophe:*
Als Sonne mit Strahlen fassen sich jeweils zwei Kinder rechts an links und jedes Paar mit der freien Rechten in der Mitte:
    Dann in der Mitte lösen und hin und her wippen (um die Regentropfen abzuschütteln!).

*Refrain 2:*
Kreis bilden, durchfassen und nach rechts gehen, in der Wiederholung nach links.

*2. Strophe:*
Stehen bleiben, evtl. Hände in Hüftstütz; dann mit dem Zeigefinger einen großen Regenbogen in die Luft malen.

*Refrain 2 s.o.*

*3. Strophe:*
Mit 4 Schritten (Tempo der halben Note) zur Mitte (zu Gott), mit 4 Schritten rückwärts zurück.

*Refrain 2 s.o.* oder nach und nach Ausgangsstellung einnehmen (stehender Bogen in der Reihe).
Anfangs oder zur Vereinfachung auch alle Refrains wie Refrain 2.

*(aus: S. Macht, Kinder tanzen ihre Lieder, Bonifatius-Verlag, Paderborn, 2. überarbeitete Auflage 1993)*

**7. Die Erde in der Hand**

## „Die Erde in der Hand – wir teilen die Erde auf"

Aus einem Tonblock wird eine große Erdkugel geformt; die Kinder/Jugendlichen können/sollen dabei mithelfen. Die Erde wird „erfahren" und „Körperkontakt zur Erde" hergestellt, in ihrer Ganz- und Unversehrtheit erfühlt, ertastet, be-griffen. Eine Erde, die Erhebungen und kleine Ausbuchtungen hat - eine Erde, die nicht fallen gelassen werden darf, damit sie nicht zerbricht, die gemeinsam gehalten werden muss, um sie zu erhalten. Gemeinsam kann die Erde trotz ihrer Schwere getragen, erhalten werden.

Dann wird die Ton-Erdkugel sanft auf eine Unterlage gelegt und in kleine Tonteile aufgeteilt. Jedes Kind/jeder Jugendliche bekommt „einen Teil der Erde" zum Gestalten, zum Formen nach seinen Wünschen und Ideen. Hier kann eine ganze „Schöpfung" aus Tonteilen entstehen: kleine Menschen, Pflanzen, Blumen, Tiere, Bäume, kleine und große Brote, kleine Wasserkrüge und Schalen etc., alles Natürliche, was auf der Erde zu finden ist.

Hierfür viel Zeit lassen, darüber reden, was man gestaltet, wie man sich danach fühlt – oder schweigend formen und „schöpfen". Wir wundern uns und be-wundern, wie viele schöne „Kunstwerke" aus Ton = Erde gemacht werden und betrachten alles gegenseitig. Wir merken, wie vielfältig und kreativ Ton = Erde ist und wird, wenn viele mitgestalten, wenn wir aufteilen können. Wir wollen darüber nachdenken, wie die Güter der Erde aufgeteilt werden könnten, dass es für alle reicht.

*(aus: P. Musall, Gottes Schöpfung – uns anvertraut. Geschichten, Gedichte, Berichte, Lieder [Reihe 8–13], Burckhardthaus-Laetare/Christophorus, Offenbach/Freiburg 1986, S. 110)*

**8. Weitere**      **Pflanzaktion:**
**Möglichkeiten**
– Einen Baum neben der Schule pflanzen und sich für ihn verantwortlich wissen

– Das „Gebet eines Gänseblümchens, einer Wolke" o.ä. formulieren, z.B.

Klein bin ich, unscheinbar,
oft trampelt man auf mir herum,
und doch staune ich über dich,
mein Gott,
der du mich so wunderbar gestaltet hast.

Danke für das Fleckchen Erde, das mich nährt,
an dem ich mich halten kann,
wo ich verwurzelt bin, und für die
Geborgenheit im wogenden Gras.

Es macht mich froh, wenn dein Wind
durch meine Blütenblättchen streicht
und deine Sonne mir das Gesicht wärmt,
dann spüre ich, dass du mir ganz nahe bist.

So freu ich mich,
dass ich in deiner bunten Welt
leben darf,
und ich möchte mit meinem Blühen dich loben
und den andern eine Freude machen.

*(Almut, 18 Jahre; aus: G. Ettl, Hg., ... Mit einem Senfkorn Glauben im Gepäck. Texte junger Christen, Ludwig Auer, Donauwörth 1985[2], S. 8)*

– Vgl. auch die Anregungen in: Religionsunterricht praktisch 4, S. 18f.

---

# Literaturhinweise

## Zum Thema insgesamt

R. Krenzer, Deine Welt ist meine Welt. Spielgeschichten und Lieder zur Umwelt- und Friedenserziehung in unserer Mitwelt, Herder, Freiburg/Basel/Wien 1989/90[2]

H. Freudenberg/A. Pfeifer, Biblische Symbole erschließen, Vandenhoeck & Ruprecht, Göttingen 2000, S. 42ff

H. Freudenberg, Hg., Freiarbeit mit Religionsunterricht praktisch, Bd. 1, Vandenhoeck & Ruprecht, Göttingen 2000, S. 37ff (Die Schöpfung mit allen Sinnen erspüren)

Vgl. auch Literaturhinweise in: Religionsunterricht praktisch 1, S. 155, und Religionsunterricht praktisch 4, S. 13, 28f

## Mandala

C. Böschen, Mandalas mal anders oder Madalas zum Er-leben, in: Werkstatt KU/RU, 2000, H. 74, S. 2

R. Dahlke, Mandala-Malblock. 72 ausgewählte Mandalas aus Ost und West und aus der Mitte, Edition Neptun, München 1999

RPP 1982/2: „Gott ist da!"

RPP 1986/4: „Aus der Mitte sein – zur Mitte finden. Aus der Mitte leben – Welt gestalten."

RPP 1995/2: „Welt entdecken – schauen – deuten – gestalten", mit Arbeitsmappe (Bilder, Lieder, Gebete, meditative Texte)

## Stilleübungen u.ä.

R. Brunner, Hörst du die Stille? Hinführung zur Meditation mit Kindern, Kösel, München 2001

G. Faust-Siehl u.a., Mit Kindern Stille entdecken, Diesterweg, Frankfurt/M. 1992[3]

H. Haas/U. Seidel, Lied der Stille. Meditationen-Anleitungen-Selbsterfahrungen-Denkanstöße, tvd, Düsseldorf 1991, mit Kassette (Motive u.a.: Der Weg – die Glut – Das Wasser – Der Regen – Der Wind – Die Weite – Das Leben)

G. u. R. Maschwitz, Geistliches Leben wagen – Gemeinsam meditieren. Ein Arbeits- und Übungsbuch, Burckhardthaus-Laetare, Offenbach 1994[2]

dies., Stille-Übungen mit Kindern. Ein Praxisbuch, Kösel, München 1993

V. Merz, Von außen nach innen: Meditieren mit Kindern, Jugendlichen und Erwachsenen in Alltag, Unterricht und Gottesdienst, NZN Buchverlag, Zürich 1995

D. Müller, Fantasiereisen im Unterricht, Westermann, Braunschweig 1995

E. Müller, Auf der Silberstraße des Mondes. Autogenes Training mit Märchen zum Entspannen und Träumen, Fischer Tb Nr. 3363, Frankfurt/M. 1985/92

H. u. H. Teml, Komm mit zum Regenbogen. Fantasiereisen für Kinder und Jugendliche. Anleitungstexte mit Musik, Veritas, Linz 1998[2]

## Weitere Anregungen zum Thema „Apfel" enthalten:

RPP 1989/3, S. 21ff;

RPP 1992/3, S. 58ff;

RPP 1994/4, S. 15ff.

# 3 „Wie neugeboren ...” – Ein Lebensfest in Ninive (Jona)

**Kurzinhalt**

- Lied „Gott liebt diese Welt ..."
- Thematische Hinführung
- Musikalisches Zwischenspiel
- Retrospektive
- Lied „Meine engen Grenzen ..."
- Überleitung
- Aktion: Einen dürren Baum zum Leben wecken
- Reflexion
- Essen
- Gebet
- Lied „Lieber Gott, ich danke dir".

**Thematisches Stichwort**

Ob Ninive nach dem glücklichen Ausgang der 40-Tage-Frist wohl unbeschwert gefeiert hat? Zwar hören wir nichts von einem Fest; doch zum Feiern wäre begründeter Anlass gewesen:

*Für die Niniviten:* Ihre schöne Stadt wurde nicht vernichtet, Menschen und Tiere blieben verschont, das angekündigte Gericht fand nicht statt. Weil König und Volk sich in der Asche der Demut „bekehrten von ihrem bösen Weg" (3,10), ließ sich Gott umstimmen. Gottes Liebe zu Ninive korrigierte sein Rechtsempfinden. Für Ninives Einwohner konnte das Leben noch einmal beginnen, – Leben unter einem neuen, verheißungsvollen Vorzeichen.

*Für Jona:* Der widerspenstige Prophet, der sterben wollte (1,12) und – neugeboren – leben und auf(er)stehen darf, hätte allen Grund zur Freude und zur Dankbarkeit: Seine Buß-Predigt – ein voller Erfolg! Ninive – durch ihn (und gegen ihn) gerettet.

Jona, der „zu Grunde" ging und von Grund auf erneuert wurde, der unter Gottes Rizinus schlafen, in Gottes Schatten ruhen konnte, unter den Feiernden? Ein gemeinsames Fest mit den neu gewonnenen Schwestern und Brüdern wäre die logische Konsequenz.

*Für uns:* So wie in den Matrosen (1,5ff) die Völkerwelt präsent ist, ist Ninive in der Sicht des Verfassers des Jona-Midraschs Metapher der *Welt* (s. Religionsunterricht praktisch 4, S. 163). Ninives und unser Gott ist kein Prinzipienreiter, Mitleid und Liebe leiten seine Gefühle. Wo wir enge Grenzen ziehen, erweist dieser Gott des Lebens sich als großzügig.

In Jona, dem Todesengel, der zum Lebensboten wurde, begegnen wir uns selbst. Mit ihm sind wir zur Mitfreude und zum „Lebensfest in Ninive" eingeladen. Jona ist nicht nur der „Jedermann in Israel" (W. Knörzer), sondern unser Bruder, Spiegelbild unserer selbst.

**Biblischer Bezug**    Jona 1–4. Vgl. Mt 12,38–42.

**Bezug zum Unterricht**    „Jona: Ninive soll leben", in: Religionsunterricht praktisch 4, S. 167ff. Schulgottesdienste mit Religionsunterricht praktisch, Bd. 2, S. 61ff.

**Adressaten**     4. Schuljahr.

**Vorarbeiten**     Die nachstehende Festliturgie soll die Gestaltungsvielfalt des vorhergehenden Unterrichts widerspiegeln. Darum wird vorgeschlagen, möglichst viele Ergebnisse der Gruppenarbeit partiell in das Fest einzubringen.

Arbeitsteilige Gruppenarbeit, die für das Fest gleichsam Gestaltungselemente und Bausteine bereitstellt, kann sich z.B. an folgenden Möglichkeiten orientieren:

*Glas-Dias bemalen:* Sch. dieser Gruppe malen mit Faserschreibern auf Dia-Gläser Motive zur Jona-Erzählung. Bewährt haben sich Dia-Rähmchen mit einer möglichst großen beschreibbaren bzw. bemalbaren Fläche (z.B. „GePe", 40 x 40, Art. 6901. Bei diesen Dias ist die Glas-Nettofläche 3,6 cm x 3,6 cm groß. Ähnlich, jedoch teurer: „Kodak", write-on slides).

Die Dias erlauben unterschiedliche Techniken:
– bemalen (s.o.)
– Sandwich: eine (Innen)seite wird bemalt, die gegenüberliegende beklebt, z.B. mit farbigem Transparentpapier, Gräsern, Wolle etc.
– Mit Plakafarbe deckend anmalen, mit Schaschlik-Spieß o.ä. Motive einritzen, die ausgesparten Konturen ggf. mit Faserschreiber kolorieren.

*Klangbild* mit Orff-Instrumenten zu einzelnen Sequenzen (vgl. dazu: Schulgottesdienste mit Religionsunterricht praktisch, Bd. 2, S. 72–74).

*Tonarbeiten:* z.B. zu Jona 2 (Jona im Bauch des Fisches) oder: Körperteile gestalten, die in der Jona-Geschichte eine spezifische Rolle spielen, z.B.
– Ohr (Jona, Gottes Ruf hörend – Die Leute von Ninive, der Bußpredigt des Propheten lauschend)
– Fuß/Füße (Jona auf der Flucht ...)
– Mund (Jonas Bekenntnis auf dem Schiff – Jona predigt in Ninive)
– Hand/Hände (Der betende Jona – Jona, predigend ...).

*Kulissen:* Aus Fotokarton bzw. Tonpapier und/oder Metallpapier kann in einfachen geometrischen Mustern eine ansprechende Kulisse der „schönen Stadt Ninive" erstellt und auf Packpapier o.ä. aufgeklebt werden.

*Papierarbeit:* Aus Regenbogenpapier oder Tonpapier (verschiedene Farben) werden etwa gleich große Fische ausgeschnitten und in den Umrissen eines großen Fisches zu einer Collage zusammengeklebt.

*Schattenspiel:* Ein Schattenspiel kann auf dreierlei Weise erstellt werden:
a) Kinder agieren hinter einer von hinten angestrahlten Leinwand (ca. 200 cm x 150 cm)
b) dto. mit Flachpuppen
c) Für den Tageslichtprojektor werden Figuren (Personen, Tiere ...) und Symbole (Schiff, Rizinus, Wurm, Krone ...) aus Tonpapier/Transparentpapier ausgeschnitten/gerissen und parallel zum Fortgang der Erzählung aufgelegt.

Zur Technik des Schattenspiels s. auch: G. Seidel, Schattenspiele mit dem Arbeitsprojektor, in: ders., Mit Schere, Papier und Kleister, Westermann, Braunschweig 1992, S. 4ff.

Ferner sind für das Fest bereitzustellen/zu besorgen:
– ein dürrer Ast (= Baum), dazu aus Tonpapier: Blüten, Blätter, Früchte
– Fische aus Milchbrötchenteig (für jedes Kind beim Bäcker in Auftrag geben)
– Obst, Getränke.

**Raumgestaltung**    Die im Unterricht entstandenen Bilder und Produkte werden an die Wand gehängt/aufgestellt, die Tischgruppen so angeordnet, dass Platz für die Orff-Instrumente ist und die Sch. später auch die Dias und die Schattenspielszenen gut sehen können, ohne dass ein zeitaufwendiger Umbau erforderlich ist.
In einer gut zugänglichen Ecke steht der dürre „Baum" (s.o.).
Speise und Getränke sind vorbereitet. Zu Tisch- und Raumschmuck s.o. S. 7/10.

**Zeitbedarf**    ca. 2 Schulstunden. Falls für das Fest nur eine Stunde zur Verfügung steht, muss das „Programm" entsprechend ausgedünnt werden.

---

# Gestaltungsvorschlag

**Lied**    „Gott liebt diese Welt ..." (EG 409, Str. 1–3).

**Thematische Hinführung**    Unter Bezug auf das o.a. Lied und die Erfahrungen, die die Leute in Ninive mit dem fremden Gott machen durften.

**Musikalisches Zwischenspiel**    Orff, Flöten o.ä.

**Retrospektive**    L. oder Sch. erzählt/erzählen aus der Rückschau, was Jona und die Niniviten in den vergangenen Tagen erlebt haben. Mögliche Erzählperspektive: aus der Sicht des Königs oder eines Kindes oder Jonas etc.

Die retrospektische Erzählung wird begleitet durch Einbeziehung von Produkten aus der unterrichtlichen Gruppenarbeit. Eine mögliche Dramaturgie kann sein:

| Erzählteil | Produkte der Gruppenarbeit |
|---|---|
| Die schöne und dankbare Stadt Ninive nach der Rettung | Kulissen (ggf. mit TP anstrahlen) |

---

| | | |
|---|---|---|
| (Was vorausging): | | |
| 3,1–4 | Jonas Bußpredigt | Tonarbeit „Mund", ggf. Einsatz eines Metronoms |
| 3.5–10 | Ninives Buße und Gottes Erbarmen | Klangbild Orff, Dias |

| | | |
|---|---|---|
| (Wie es dazu kam): | | |
| 1,1f | Berufung | Tonarbeit „Ohr" |
| 1,3a | Jonas Flucht | Orff, Tonarbeit „Fuß" |
| 1,3b–1 | Auf dem Schiff | Dias – Orff – Schattenspiel |
| 2,1–10 | Im Bauch des Fisches | Tonarbeiten |

| | |
|---|---|
| Die schöne und dankbare Stadt Ninive nach der Rettung. – Was in Ninive anders geworden ist. | Kulisse (s.o.) oder Papierarbeit (s.o.) |

| | |
|---|---|
| 4 i.A. Die Einladung an Jona zur Mitfreude | Jona unter dem dürren Baum (Rollen-Spielszene) |

Ggf. kann die Erzählung/Präsentation mehrmals durch das o.g. Lied unterbrochen werden.

| | |
|---|---|
| **Lied** | „Meine engen Grenzen ..." (EG 601). |
| **Überleitung** | L. verweist auf den „dürren Baum" und lässt ihn symbolisch ausdeuten: dürr – leblos, ohne Zukunft, tot ... |
| | Der Zusammenhang zwischen dem Baum und der Situation Ninives soll gesprächsweise geklärt werden: |
| | –  Ninive gleicht zunächst dem toten Baum ... |
| | –  Jonas Predigt, die Buße der Niniviten und Gottes Erbarmen verändern das Bild. |
| | Sch. erarbeiten Vorschläge, um diese Wandlung auch im Symbol des Baumes abzubilden (L. gibt ggf. Hilfen). |
| | Intendiert ist, analog zur Veränderung, die die Niniviten erfahren, den „toten Baum" zu „neuem Leben" zu erwecken. |
| **Aktion** | Sch. schreiben auf die vorbereiteten Blätter/Blüten/Früchte „Lebensbotschaften" für die Menschen in Ninive und für uns („Was Leben fördert"), z.B. |
| | Verständnis füreinander haben – sich für die Gemeinschaft verantwortlich fühlen – hilfsbereit sein – Rücksicht nehmen – die Türen und Herzen füreinander öffnen – ältere Menschen achten – Jüngere ernst nehmen in ihrem Anderssein – Geduld – lachen – loben – teilen ... . |

**Reflexion**    Sch. beschreiben kurz die Veränderung des Baumes zum „Lebens-Baum",
einige „Lebensbotschaften" werden vorgelesen.

**Essen**    s.o.

**Gebet**    Lieber Gott,
wir danken dir für Essen und Trinken,
für Feiern und Fröhlichsein.

Danke, dass für die Menschen und Tiere in Ninive
das Leben von vorn beginnen konnte.

Danke für Menschen wie Jona,
der andere Menschen nachdenklich macht.

Danke, dass du Jonas Wege
und unsere Wege begleitest.

Danke, dass wir – wie Jona –
auch dann nicht allein sind,
wenn es dunkel ist und wir Angst haben.

Danke, dass du uns durch Jona zeigst:
du liebst uns,
du liebst alle Menschen,
du liebst das Leben.

Mit Jona dürfen wir deine
gute Lebensbotschaft weitertragen.

Amen.

*H.F.*

(ggf. einige Beispiele der o.a. „Lebensbotschaften" einbeziehen)


**Lied**    Text: Marianne Schmidt
Musik: Fritz Baltruweit

*(Quelle: Komm mit Jona nach Ninive – STB 107; aus: Meine Liedertüte, 1993, MC;
alle Rechte im tvd-Verlag, Düsseldorf)*

## Varianten und Ergänzungen

**Bewegungsspiel mit Seidentüchern**

Eine Gruppe von Sch. bewegt sich zu ruhiger (klassischer) Musik langsam im Kreis. Die Köpfe sind gesenkt. Die Sch. haben ihr Gesicht etwas mit dunklen Seidentüchern verhüllt (= Status der Niniviten in Erwartung des von Jona angekündigten Strafgerichts).

Ein weiterer Sch. tritt in den Kreis und reicht dem Nächststehenden ein buntes Seidentuch. Der so Beschenkte läßt das dunkle Tuch herabgleiten und bewegt rhythmisch das bunte Tuch. Seine Gesichtszüge hellen sich auf, er richtet sich auf.

Nach und nach erhalten alle Tänzer/innen ein buntes Tuch und verfahren wie oben beschrieben. Wenn alle ein farbiges Tuch haben, verbinden sich die Sch. mit diesen Tüchern und bewegen sich langsam im Kreis.

**Tänze**

Drei Tanzanleitungen zu Jona enthält die Mappe „Mit Jona in Ninive. Ein Kinderbibeltag", Arbeitsstelle für Kindergottesdienst, Kandelsgasse 4, 58300 Wetter

Die Tänze greifen folgende Themen auf:
- „Wellentanz"                (zu Jona 1,4ff)
- „Sonnenstrahlentanz"   (Thema: Getragensein)
- „Cantate Domino"        (Thema: Auferstehung).

**Spiel mit Flachpuppen**

Die Jona-Erzählung wird mit Flachpuppen (aus Pappe, Holzleisten, Stoffresten und Wolle) nachgespielt.

Zur Anfertigung der Puppen: s. M. Bachmann u.a., Hg., Ich bin Petrus – wer bist du? Mit Puppen erzählen, spielen, feiern. Gestaltungsvorschläge, Bastelanleitungen, Spieltexte für Kindergottesdienst, Schule und Gemeinde, Junge Gemeinde Stuttgart 1993, S. 58ff. – I. Klettenheimer, ALS-Handbuch der Gestaltungstechniken, ALS, Frankfurt/M. 1984, S. 264.

**Spiel mit Tüchern**

Das Toben der Wellen kann gut mit einer über alle Festteilnehmer ausgebreiteten und bewegten blauen Folie simuliert werden. – Dazu ggf. singen: „Kyrie ..." (s. z.B. Schwerter Liederbuch, Nr. 15).

Jonas Situation im Bauch des Fisches kann annäherungsweise durch eine über alle ausgebreitete schwarze Folie nachempfunden werden. Ein/e Einzelne/r kann ggf. die Kyrie-Rufe (s.o.) noch einmal anstimmen.

---

# Literaturhinweise

H. Freudenberg (Hg.), Freiarbeit mit RU praktisch, Band 1. Vandenhoeck & Ruprecht, Göttingen 2002, S. 82ff (Mit Jona im Fisch)

J. Kleinsorge/L. Heidenreich, Jona. Singspiel für Kinder, MC, Shulte & Gerth, Asslar 1991

was + wie 1/91: Themenheft „Jona"

Vgl. auch die Literatur- und Medienhinweise in: Religionsunterricht praktisch 4, S. 168, 181.

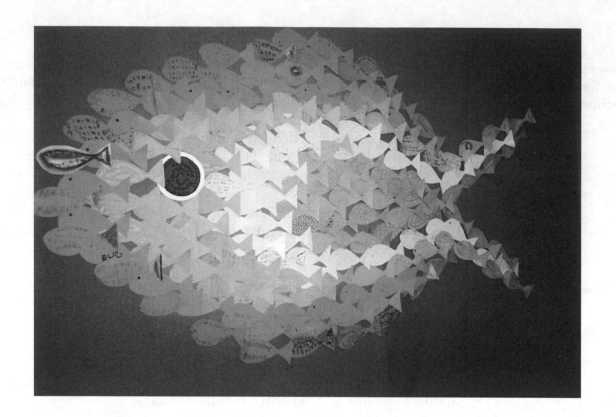

# 4 Atem Gottes – Neues Leben
## (Pfingsten)

**Kurzinhalt**

– Einzug
– Verknüpfung von Fest und Unterricht
– Lied „Unser Leben sei ein Fest"
– Gebet mit Gebärden
– Aktion: Aus (Puzzle-)Teilen wird ein Ganzes
– Lied „Dein Geist weht, wo er will"
– Mahl
– Dankgebet
– Lied „Ins Wasser fällt ein Stein".

**Thematisches Stichwort**

Pfingsten ist zwar „das dritte kirchliche Hauptfest" (Religionsunterricht praktisch 3, S. 152), doch eine überzeugende Fest- und Feierkultur hat sich gleichwohl im Laufe von 2000 Jahren kaum eingestellt. Ist Pfingsten also – festlich gesehen – ein hoffnungsloser Fall?

Ein spätmittelalterliches Tafelbild (Osnabrück um 1380) soll noch einmal die Grundlagen des zu Feiernden ins Bewusstsein rücken.

*(Altar aus Osnabrück, rechter Flügel, Besitzer: Wallraf-Richartz-Museum Köln, Bildquelle: Rheinisches Bildarchiv Köln)*

Der anonyme westfälische Meister hat die 12 Jünger mit Maria zur Tischgemeinschaft versammelt; in ihrer Mitte die Hostie der Eucharistie – Symbol der Gegenwart Christi und sakramentale Mittlerin des Heiligen Geistes.

Radspeichengleich führen 13 rote Strahlen von der alles bestimmenden Mitte zu den Mündern der Mahlgenossen.

Vom oberen Rand des Bildes trägt die Geist-Taube das Brot der Eucharistie in den Kreis. Den Kreis sprengend schafft sie dem Transzendenten Raum. Was in der Tischmitte schon präsent ist, ist nicht verfügbarer Besitz, sondern bleibt unverfügbares Geschenk.

Auf einige sinnbildhafte Zitate sei hingewiesen:

*Der Kreis:* Ohne Anfang und Ende ist er Symbol der Liebe und der Gemeinschaft. Für Hierarchien ist da kein Platz; keine(r) hat einen Vorrang. Jede(r) ist unmittelbar zu der Kraftquelle in der Mitte, die ihn/sie erfüllt, speist, aufnehmen und weitergeben, hören und reden lässt. Die spirituelle Mitte „zieht Kreise" – im Rund der Köpfe, der Heiligenscheine, der Rasenbank.

*Rot*, die Gewandfarbe Marias und von sechs der Apostel, sowie der Strahlen steht für Leben und Liebe (Gottes), für Feuer, Kraft und Bewegung. – In der Liturgie ist Rot die Farbe des Heiligen Geistes, der in den Gläubigen das Feuer der Liebe entzündet.

*Grün*, die Farbe im Gewand der anderen sechs Jünger und der Rasenbank symbolisiert – wie das Erwachen der Natur – Hoffnung und Neuschöpfung, (und in Verbindung mit dem Goldgrund der oberen Bildhälfte) göttliche Weisheit und Energie. In der Liturgie ist Grün die Farbe der Sonntage nach Epiphanias und nach Trinitatis.

Für eine pfingstliche Feier im Anschluss an die bzw. in Verbindung mit der Einheit „Pfingsten: Türen öffnen – Feuer und Flamme sein" (Religionsunterricht praktisch 3, S. 152ff) lassen sich aus dem oben Gesagten und dem im Unterricht Vorbereiteten ableiten:

Pfingsten/Heiliger Geist hat zu tun mit
- Gemeinschaft
- erneuern, beleben, erfrischen
- sich beschenken lassen
- Grenzen und Hierarchien abbauen
- weiten Raum geben
- Kreise ziehen
- Kraft, Bewegung, Energie
- Neuschöpfung.

Die nachstehende Skizze greift das Bild des Kreises und der Gemeinschaft stiftenden Mitte auf. In einem Kreis-Puzzle werden verschiedene Aspekte und Wirkweisen des Geistes zusammengestellt und zur Anschauung gebracht.

| | |
|---|---|
| **Biblischer Bezug** | Apg 2. |
| | Ferner: Gen 1,2; Jes 11,2; 42,1; 61,1ff |
| | Joel 3,1 |
| | Mk 1,10; 5,1ff u.ö |
| | Vgl. Religionsunterricht praktisch 3, S. 151f. |
| **Bezug zum Unterricht** | Thema „Pfingsten: Türen öffnen – Feuer und Flamme sein", in Religionsunterricht praktisch 3, S. 151ff. |
| **Adressaten** | Klasse 3 (4). |

**Vorarbeiten**     Die Wandzeitungen und Arbeitsblätter zu den Themen „Feuer" und „Wind" werden angeheftet bzw. ausgelegt, ebenso die Collagen sowie die übrigen Produkte aus dem Unterricht.

Der Raum sollte festlich mit Birkenzweigen und bunten Bändern geschmückt werden.

In den Mittelpunkt der Feier tritt ein kreisförmiges Puzzle, das verschiedene Motive und Bilder des pfingstlichen Themas vereinigt (ø ca. 150 cm).

In der Stunde/in den Stunden *vor* der Feier sind in arbeitsteiliger Gruppenarbeit folgende Teilaspekte vorzubereiten:

**Gruppe 1:**  Kerzen (Stumpen) mit pfingstlichen Motiven verzieren (Verzierwachs).

Als Motive bieten sich an:
– Taube
– Feuer/Flamme
– Sonne
– Wind
– aufbrechende Blüte
– Kirche
– Menschen verschiedener Hautfarbe/verschiedenen Alters,
– einander verstehen.
*Materialien:* Kerzen – Verzierwachs – Messer/Schere.

Zur Technik der Wachsapplikation: s. Religionsunterricht praktisch 4, S. 12ff.

**Gruppe 2:**  Bilder und Bildworte aus Apg 2 graphisch umsetzen.
*Materialien:* Puzzle-Teil – Farbstifte.

**Gruppe 3:**  Zeitungsausschnitte/Überschriften/Bilder zum Thema „Wo (Wie) Menschen sich gut verstehen" oder „Gottes guter Geist verändert Menschen" zu einer Collage zusammenstellen.
*Materialien:* Puzzle-Teil – Illustrierten/Zeitungen/Bilder – Scheren – Klebstoff.

**Gruppe 4:**  Ein Lied/eine Liedstrophe mit pfingstlichen Motiven besonders sorgfältig und originell abschreiben und ein Bild/Bilder dazu malen.
*Materialien:* Liedvorschläge – Puzzle-Teil – Stifte.

**Gruppe 5:**  Das Thema „Zu Pfingsten hat die Kirche Geburtstag" visualisieren (z.B. Kirche mit Geburtstagskerze o.ä.).
*Materialien:* Puzzle-Teil – Stifte – ggf. Buntpapier/Scheren/Klebstoff.

**Gruppe 6:**  Eine Blüte (Pfingstrose „Hoffnungsblume") aus Seiden- oder Krepppapier oder mehrlagigen Servietten herstellen und ggf. um die fertige Blüte eine Strophe des Liedes „Alle Knospen springen auf ..." schreiben.

*Materialien:* Puzzle-Teil – Seiden- bzw. Krepppapier in verschiedenen Farben (rosé, rot, grün ...) – Blumendraht – Schere(n) – Klebstoff.

Bastelanleitung in: H.E. Lubrich/E. Wichmann, Pfingsten (av-Religion Reihe 1000), Calig/ezb, Hildesheim/Bielefeld 1986, S. 5f.

**Gruppe 7:**  Zu der Erzählung „Der bunte Vogel" (s. Anlage) einen besonders farbenfrohen Vogel malen oder basteln.
*Materialien:* Puzzle-Teil – Erzählung – Farbstifte/Pastellkreiden oder Glanzpapier (verschiedene Töne).

Je nach Klassen- bzw. Gruppengröße können weitere Aufträge vergeben bzw. einzelne Aufgaben mehrfach besetzt werden.

Ferner sind Saft, Blumen, Becher, Servietten bereitzustellen. Bezüglich des Essens haben wir gute Erfahrungen mit einem Party-Rad aus Milchbrötchenteig gemacht, das wir bei einem Bäcker in Auftrag gegeben haben.

**Zeitbedarf**        ca. 2 Stunden.

---

## Gestaltungsvorschlag

– Feierlicher Einzug
– Erinnerung an die bisherigen Lernschritte zum Thema „Pfingsten" – u.a. anhand der o.g. Produkte – Betrachten und Erzählen
– Lied „Unser Leben sei ein Fest" (Religionsunterricht praktisch 3, S. 155)
– Gebet mit Gebärden:

Geist Gottes,
Atem des Lebens.

Komm zu uns
in unsere Mitte.

Erfrische uns
wie eine kühle Brise.

Brenne in uns
wie Feuer.

Bringe uns wie Wind
in Bewegung.

Verbinde uns
wie eine große Familie.

Richte uns auf,
wenn wir traurig sind.

Wie Atem und Wind
bist du uns nahe. Amen.

*(Zu Formulierungen und Bildern s. Ökumenischer Rat der Kirchen, Hg., Komm, Heiliger Geist, erneuere die ganze Schöpfung. Sechs Bibelarbeiten, Calwer/EHBG, Stuttgart/Berlin/Altenburg, S. 80. –*

*Iris Buchholz, in: E. Jürgensen, Hg., Pfingsten. Unterrichtsmodelle mit Texten, Liedern, Bildern für den Religionsunterricht 3.–6. Schuljahr, Kaufmann, Lahr 1992, S. 49. –*

*Hildegard von Bingen, Heilkunde. Das Buch von dem Grund und Wesen und der Heilung der Krankheiten. Nach den Quellen übersetzt und erläutert von Heinrich Schipperges, Otto Müller, Salzburg 1983⁴, S. 306.)*

**Aktion**        Aus (Puzzle-)Teilen wird ein Ganzes.

Sch. fügen nach und nach die von ihnen vorbereiteten Teile zusammen und sprechen dazu. Je nach Anzahl der Puzzle-Teile sollte das Zusammenfügen gelegentlich durch eine Liedstrophe unterbrochen werden (Liedvorschläge s.u.).

Mit Überlegungen zur Füllung der noch leeren Mitte wird die Kerzen-Gruppe aufgefordert, ihr Produkt/ihre Produkte vorzustellen und in die Mitte abzustellen. Ggf. kann/können die gestaltete Kerze/die gestalteten Kerzen mit Teelichtern umgeben werden, die zu einem Kreuz, einer Kirche o.ä. angeordnet werden.

Sch. und L. betrachten und würdigen das fertige Ergebnis.

Das fertige Produkt kann etwa folgendes Aussehen haben:

**Lied**  „Dein Geist weht, wo er will" (Schwerter Liederbuch, Nr. 145)

**Mahl**  Das Entzünden der Kerzen in der Bild-Mitte leitet zum Mahl über.
Wo es die räumlichen Gegebenheiten zulassen, setzen sich die Sch. im Kreis um die Puzzle-Decke.
Becher, Servietten, Blumen, Saft, Party-Rad werden aufgetragen.
Tischgebet oder Lied(strophe).
Brot und Saft werden herumgereicht und verzehrt.

**Dankgebet**  z.B.   „Gottes Geist ist wie ein Band.
Komm, wir reichen uns die Hand
zur Gemeinschaft. – Das tut gut:
Geist der TREUE, mach uns Mut."

*(R. Bäcker, Gottes Geist, [AV-Religion], Calig/Bernward, Hildesheim 1990, S. 17)*

**Lied**  „Ins Wasser fällt ein Stein" (Schwerter Liederbuch, Nr. 150).

---

## Varianten und Ergänzungen

**Atemübungen**  Ausgehend von der Überlegung, dass „Geist" (hebr. ‚ruach' – gr. ‚pneuma' – lat. ‚spiritus') auch ‚Atem', ‚Hauch', ‚Wind' bedeutet, bieten sich Atemübungen zur ganzheitlichen Erfahrung und Einstimmung an.
Anleitungen enthalten u.a.:
G. u. R. Maschwitz, Geistliches Leben wagen – Gemeinsam meditieren. Ein Arbeits- und Übungsbuch, Burckhardthaus-Laetare, Offenbach 1994[2], S. 77ff
dies., Stille-Übungen mit Kindern. Ein Praxisbuch, Kösel, München 1993, S. 109ff
K. Vopel, Reise mit dem Atem, (Kinder ohne Streß, Bd. 3), ISKO-Press, Hamburg 1989

**Windrad**  Ein Windrad bauen und damit experimentieren enthält einen ähnlichen Gedanken: Gottes Geist/Gottes Atem will uns in Bewegung setzen – analog der Bewegung des Windrades durch unseren Atem!
Anleitungen zum Bau von Windrädern enthalten u.a.
- M. Minderer u.a., Hg., Von Babylon bis Bethlehem. Familiengottesdienste gemeinsam mit Kindern gestalten und feiern, Junge Gemeinde, Stuttgart 1994, S. 83.98f
- Gestaltungsstunde Nr. 267 („Neue Windräder"), ALS, Frankfurt/M. 1988.

Eine ähnliche Funktion wie die Windräder haben Lauf- und Windspiele mit aufblasbaren Riesenschläuchen aus dünner Plastik oder Experimente mit Seifenblasen.

**Pfingstknospen springen auf**

Die Pfingstgeschichte wird als Aufbruchsgeschehen erzählend wiederholt und mit dem Lied „Alle Knospen springen auf" verbunden. Pantomimisch vollziehen die Kinder das Sich-Öffnen nach und stellen die Ausbreitung des Evangeliums (konzentrische Kreise oder Spirale) dar, ggf. Orff-Begleitung.

(Vgl. hierzu: Lehrplan für den evangelischen Religionsunterricht an Grundschulen in Bayern, 1. bis 4. Schuljahr, a.a.O., S. 146.)

**Einander das Licht bringen**

Sch. sitzen im Kreis und halten eine gestaltete Kerze (s.o.) oder ein Teelicht in der Hand. Nacheinander entzünden die Kinder ihre Kerzen an der brennenden Kerze in der Mitte und tragen das brennende Licht zu einem Mitschüler/einer Mitschülerin und sagen ihm/ihr einen möglichst persönlichen Wunsch.

**Viertelland**

Eine Spielidee nach der Geschichte „Viertelland" von Gina Ruck-Pauquét, Vorlesebuch Religion Bd. 3, Kaufmann, Lahr 1989, S. 223ff:

„Herzlich willkommen in Viertelland. Viertelland ist platt wie ein Pfannkuchen und rund dazu. Vier Viertel hat Viertelland. Ein blaues Viertel, ein rotes Viertel, ein grünes Viertel und ein gelbes Viertel. Alle Viertel sind natürlich durch Grenzen voneinander getrennt. Denn keiner will mit einem Bewohner eines anderen Viertels etwas zu tun haben. In Rotland wohnen nur Rotländer, in Grünland die Grünen, in Gelbland gelbe, Blauland hat nur blaue Einwohner. Wehe dem, der Kontakt zu einem Andersfarbigen aufnimmt. Nicht nur die Bewohner eines Landes haben eine Farbe, alles, was es zum Beispiel in Gelbland gibt, ist gelb. Die Autos sind gelb, die Häuser, die Wiesen, die Flüsse, die Wälder. In Rotland ist dagegen alles rot, nicht nur die Tomaten, nein sogar die Sonne, die Telefone, die Eisenbahn, alle Blumen, die Bücher, ja sogar der Mond. In Blauland ist – wie könnte es anders sein – alles, aber auch alles blau, die Straßen und Wege, die Bananen, die Kleider, die Fahrräder, die Tiere, selbst die Krankenhäuser. Und – ihr ahnt es schon – in Grünland gibt es nur eine einzige Farbe: Die Milch ist grün, die Sterne am Himmel, auch der Spinat, die Fernsehgeräte, die Betten, die Schuhe und auch die Wolken am Himmel. Ihr glaubt es nicht, euch fehlt die richtige Brille."

Mit diesen Worten begrüßt der Spielleiter die Gruppe und beschreibt so Viertelland. Alle Personen waren in den Raum gekommen, der für das Spiel Viertelland hergerichtet worden war, eingeteilt in vier Viertel, farbige Papierbänder auf dem Boden zeigen die Grenzen an. Materialien in der Farbe des jeweiligen „Landes" wie Kreppapier, Kleber, Scheren, Transparentpapier liegen in der Mitte eines Viertels. Nach der Begrüßung und Einleitung basteln sich die Teilnehmer aus Transparentpapier und Pappe Brillen. Sie sehen tatsächlich alles rot, grün oder gelb. ...

„Jedes Viertel hat nicht nur seine eigene Farbe", erzählt der Spielleiter weiter, „auch seine eigenen Blumen, nur rote, die auch rot duften und gelbe ..." Blumen in der jeweiligen Viertelfarbe entstehen. In den Schulen lernen die Kinder nur Sprüche für ihr Viertel „Gelb ist gut!" – „Rot ist toll!" – „Blau ist das Beste!" – „Nichts geht über grün." Lieder mit dem Wort einer Farbe werden gesungen usw. Der Fantasie sind keine Grenzen gesetzt. Viele Dinge können gestaltet und erarbeitet werden, die die Abgrenzung gegenüber den anderen Farben und die Hervorhebung der eigenen betonen. Keiner will mit dem anderen etwas zu tun haben, jeder denkt nur an sich und dreht den anderen den Rücken zu. Übrigens – die Kinder kommen in Viertelland bunt zur Welt. Erst wenn die Eltern sie genügend mit ihren grünen oder gelben Händen streicheln und mit ihren Augen anschauen, werden sie einfarbig.

Auf dem Höhepunkt der Auseinandersetzung und der Abgrenzung erzählt der Spielleiter weiter: „Eines Tages ereignet sich in Viertelland etwas Besonderes. Ein Licht geht auf." Eine kleine Kerze wird in die Mitte von Viertelland gestellt. „Alle Viertelländer schauen auf das Licht, ihre Neugierde verführt sie dazu. Um das Licht besser sehen zu können, nehmen sie sogar ihre farbigen Brillen ab – übrigens, die drücken ja auch fürchterlich und machen Kopfschmerzen. Als alle in die Mitte schauen, entdecken die Kinder es als Erstes: Sie sehen nicht nur das Licht, auch die vielen anderen Menschen in anderen Farben, denn wenn alle in die Mitte schauen, dann schaut man sich auch gegenseitig an, dann überwindet man die Grenzen – wenigstens mit seinem Blick. Es geht tatsächlich allen ein Licht auf. Ein Wunder ereignet sich in Viertelland. Die Menschen stehen auf, gehen aufeinander zu, reichen sich die Hände und werden bunt."

Die Mitspieler bekleben sich mit kleinen farbigen Markierungspunkten. Versöhnung kann gestaltet werden. Aus den bunten Papiergrenzen, die Viertelland trennen, wird ein Versöhnungsband geflochten oder ein Regenbogen dargestellt. Papierblumen werden verschenkt, ein Kanon gesungen.

*(aus: Ev. Missionswerk, Hg., Die Stadt Gottes kennt keine Fremden, [Weltmission '90. Arbeitshefte für Schule und Gemeinde], Hamburg 1990, S. 38)*

**Zusätzliche
Anregungen**

Pfingsten erfahren. Spielräume für den Geist, der lebendig macht, (Material-heft Nr. 51), Beratungsstelle für Gestaltung, Frankfurt/M. 1987, S. 63, 183ff, 249f.

E. Jürgensen, Pfingsten, a.a.O., S. 20ff

M. Minderer, a.a.O., S. 83ff

W. Gerts u.a., Hg., Religion spielen und erzählen. Kinder begleiten in Schule und Gemeinde, Gütersloher Verlagshaus Gerd Mohn, Gütersloh 1992, S. 161 (Bastelbogen „Pfingsttaube")

**Weitere Lieder
mit pfingstlichen
Motiven**

– Zu Ostern in Jerusalem, Str. 2 (Schwerter Liederbuch, Nr. 140)
– Der Himmel geht über allen auf (a.a.O., Nr. 197)
– Geist der Freude (a.a.O., Nr. 144)
– Weißt du, wo der Himmel ist (a.a.O., Nr. 204)
– Zieh den Kreis nicht zu klein (a.a.O., Nr. 220)
– Alle Knospen springen auf (a.a.O., Nr. 194)
– Wenn unsere Kirche Geburtstag hat (a.a.O., Nr. 149)
– Geh aus, mein Herz, Str. 13f (EG 503)
– Gott gab uns Atem (Mein Liederbuch 2, B 191)

---

# Literaturhinweise

Vgl. ferner die Literaturhinweise in: Religionsunterricht praktisch 3, S. 153. 164

Zum Bild „Osnabrücker Altar" und seiner Ikonographie:

M. Lurker, Wörterbuch biblischer Bilder und Symbole, Kösel, München 1992[2]

E. Reschke, Feuer und Sturm. Mit Kindern Pfingsten erleben, Lahn, Kevelaer 1998

I. Riedel, Farben. In Religion, Gesellschaft, Kunst und Psychotherapie, Kreuz, Stuttgart 1999[14]

## Der bunte Vogel

da war eine stadt
so erzählt martin buber
in den chassidischen schriften ...
über dieser kleinen stadt
kreiste schon tagelang ein großer
bunter vogel
und in langen kreisen
ließ er sich herunter
und landete
im höchsten baum
oben im gipfel ...
die bewohner der stadt
überlegten
wie man diesen vogel
herunterholen könne
dass er für immer in ihrer stadt bleibe
es war nämlich
ein ganz besonderer vogel
ein vogel aus dem paradies
und die alten erzählten
wenn ein solcher vogel
eines tages
im gipfel eines baumes lande
dann sei das paradies nahe
man müsse ihn herunterholen
und festhalten
also überlegten die leute der stadt
und man kam auf den plan
einer sollte sich
unter den baum stellen
ein starker und kräftiger
und dann sollte ein nächster
daraufsteigen
und so wollte man einen turm bauen
aus lebenden menschen
bis zum vogel hin
und dann
vorsichtig nach dem vogel greifen
und ihn herunterholen
das paradies
diesen schönen großen bunten vogel

sie fingen also an
der stärkste mann der stadt
stellte sich unten an den baum
und dann wuchs langsam
der turm aus menschen
einer hielt den andern
einer kletterte auf die schultern
des andern
und bald war man bis hoch oben
zum greifen nah
war der letzte des lebenden
turmes
da
plötzlich
verlor
der erste
der stärkste
die geduld
sprang weg
und da brach der lebende turm
zusammen
und der große schöne bunte vogel
flog weg
und mit ihm das paradies
der große bunte vogel
ist der heilige geist ...
der heilige geist ist ein bunter vogel
er ist da
wo einer den andern trägt ...
der heilige geist ist da
wo die welt bunt ist
wo das denken bunt ist
wo das denken und reden und leben
gut ist
der heilige geist lässt sich nicht
einsperren ...
er liebt die Fantasie
er liebt das unberechenbare
er ist selbst unberechenbar

*(aus: W. Willms, roter faden glück, lichtblicke, Butzon & Bercker, Kevelaer 1988[5], Nr. 3.2, gekürzt)*

# 5 Himmelsbogen – Lebenszeichen (Noah)

| **Kurzinhalt** | –   Lied „Ein bunter Regenbogen"<br>–   Verknüpfung mit dem Unterricht<br>–   Aktion: Ein Regenbogen-Mobile entsteht<br>–   Zusammenfassende Deutung<br>–   Lied „Solange die Erde noch steht"<br>–   Essen<br>–   Dankgebet<br>–   Lied mit Bewegungen „Der Himmel geht über allen auf". |
|---|---|

**Thematisches Stichwort**

Der Regenbogen ist zum Greifen nahe – und entzieht sich doch der sich ihm nähernden Hand. Seine Entstehung ist physikalisch exakt erklärbar – und doch bleibt er geheimnisvolles Zeichen, Brücke zu einer für uns unsichtbaren Welt.

Sonne und Regen lassen seine bunten Farben aufleuchten – Sonne und Regen (Wolken) als Symbole für Helles und Dunkles, für Lachen und Weinen. Beides fügt sich bei Gott im Sinnzeichen des Regenbogens zu einer Einheit.

Im Licht des Regenbogens bricht sich Hoffnung Bahn,

– Hoffnung, dass Gott dunkle und bedrohliche Momente in unserem Leben immer wieder „lichten" wird;

– Hoffnung, dass Gott zum Leben seiner Schöpfung und seiner Geschöpfe immer wieder „Ja" sagt;

– Hoffnung, dass Gott sich für den Rhythmus des Lebens, für „Saat und Ernte, Frost und Hitze, Sommer und Winter, Tag und Nacht" (Gen 8,22) verbürgt.

Je nach vorherigem Akzent wird der Regenbogen als zentrales Symbol der Noah-Geschichte in einer abschließenden Feier als Friedens-, Segens-, Bundes-, Hoffnungs- oder Lebenszeichen zu thematisieren sein.

Die folgenden Anregungen stellen den Gedanken des *Lebens* und der *Bewahrung* in den Vordergrund. Wo neues Leben aufblüht und bedrohtes Leben Geborgenheit erfährt, das ist so, als ob ein Regenbogen aufscheint.

**Biblischer Bezug**

Gen 6–9, bes. 8,21f; 9,12–17.

**Bezug zum Unterricht**

Thema „Noah, die Arche und der Regenbogen: Das Leben kann noch einmal beginnen", in: Religionsunterricht praktisch 4, S. 51ff.

Vgl. ferner folgende Schulgottesdienst-Modelle:

– „Neues Leben unterm Regenbogen", in: Schulgottesdienste mit Religionsunterricht praktisch 1, S. 63ff

– „Regenbogen – Hoffnungszeichen", in: Schulgottesdienste mit Religionsunterricht praktisch 2, S. 85ff.

**Adressaten**

4. Schuljahr.

**Vorarbeiten**

Aus dem vorhergehenden Unterricht liegen vor bzw. sind bekannt:

– Noah-Erzählung

– Lied „Ein bunter Regenbogen"

– Regenbogen (vgl. Religionsunterricht praktisch 4, S. 55 und Schulgottesdienste mit Religionsunterricht praktisch 1, S. 65).

Für den Aktionsteil während der Feier sind bereitzustellen:
– Regenbogen-Rohlinge aus Kartonpapier (Modell s. Anlage)
– Peddigrohr und Perlonfaden für das Mobile
– Regentropfen (Kartonpapier) zur Beschriftung durch die Kinder (s.u.)
– dicke Wolle in den Farben des Regenbogens zur Anfertigung der Freund-
schaftsbändchen
– Müsli, Obst, Teller, Löffel, Milch.

**Zeitbedarf**          ca. 2 Stunden.

---

## Gestaltungsvorschlag

**Lied**           „Ein bunter Regenbogen", Str. 1f (s. Religionsunterricht praktisch 4, S. 65,
M 10).
– Spielhinweise: Schulgottesdienste mit Religionsunterricht praktisch 2,
S. 90f.

**Wiederholung**   und Verknüpfung mit dem Unterricht anhand des Regenbogen-Bildes (Gespräch zum Regenbogen) und/oder Bilder der Kinder oder ausgewählter Dias,
z.B. P.F. Bock/M. Kasuya, Die Arche Noah. Eine biblische Geschichte für
Kinder im Vorschulalter, in der Grund- und Sonderschule, für den Kindergottesdienst und die Gemeindearbeit, 12 Dias f., Kassette 4'46", av edition, Mün-
chen/Offenbach 1985[2].
Ggf. können auch einige Kinder, mit einfachen Tiermasken verkleidet, vom
guten Ausgang der Noah-Erzählung berichten.

**Lied**           „Ein bunter Regenbogen", Str. 3 (s.o.).

**Überleitung**    L. ruft noch einmal Gottes Versprechen zur Bewahrung der Erde (Gen 8,21f) in
Erinnerung und leitet damit zu der folgenden Aktion über:

**Aktion 1**       Sch. gestalten in Gruppen die vorbereiteten Regenbögen aus und fügen sie zu
einem Mobile zusammen.

Gruppe 1:    malt in ihren Regenbogen zum Thema „Saat und Ernte"
Gruppe 2:    Thema „Frost und Hitze"
Gruppe 3:    Thema „Sommer und Winter"
Gruppe 4:    Thema „Tag und Nacht".

Weitere über Gen 8,21f hinausgehende Motive können sein:

Gruppe 5:    Thema „Alte und Junge"
Gruppe 6:    Thema „Ebbe und Flut"

Gruppe 7:     Thema „Lachen und Weinen"
Gruppe 8:     Thema „Weiße und Farbige".
Eine weitere Gruppe wird gebeten, aus der Wolle (s. Vorarbeiten) Freund-
schaftsbänder zu flechten. Verwendung: s.u.

**Zusammen-
fassende Deutung**

Aspekte: Gott will (das) Leben erhalten (das Leben in Gestalt von Saat und
Ernte ...). – Der Regenbogen, ein Zeichen des Lebens. – Der Regenbogen,
sichtbares Zeichen für Gottes Versprechen (Gen 8,21f). – Der Regenbogen
weist uns auf das hin, was dem Leben dient. – Die Elemente des Mobiles müssen
in einem ausgewogenen Verhältnis zueinander stehen, Spiegelbild unseres
Auftrags zum verantwortlichen Umgang mit Gottes guter Schöpfung.

**Aktion 2**

Sch. schreiben auf die „Regentropfen" (s.o.) ihre Namen und fügen diese – zu
Bändern zusammengestellt – in das Mobile ein.
Aussageintention: Auch jede/r von uns hat teil an der Bewahrungs- und
Segenszusage Gottes.

**Lied**　　　　　　　　Text: Hans-Jürgen Netz
　　　　　　　　　　　　Musik: Peter Frank, Jörg Baltruweit

Solange die Erde noch steht,
und diese Welt sich noch dreht,
sollen Wind und Regen, Flut und Ebbe,
Lachen und Weinen nicht aufhören, nicht aufhören.

Aufhören sollen nicht Tag und Nacht ...

Solange die Erde noch steht,
und diese Welt sich noch dreht,
sollen Licht und Schatten, Mond und Sterne,
Glauben und Hoffen nicht aufhören, nicht aufhören.

Aufhören sollen nicht Tag und Nacht ...

*(Quelle: Für die eine Welt – STB 109; aus: Solange die Erde noch steht, 1985, MC; alle Rechte im tvd-Verlag, Düsseldorf)*

**Essen**　　　　　　　Müsli mit Obst (s. Vorarbeiten).

**Gebet**

„Guter Gott,

Danke für Regen und Sonne
und für die bunten Farben des Regenbogens.

Wie eine geheimnisvolle Brücke
verbindet er Himmel und Erde.

Als Lebenszeichen malst du den Regenbogen an den Himmel.

Im Bild des Regenbogens bist du uns nahe
und sagst uns:

Ich bin da
Ich verwandle Dunkelheit in Licht.
Ich beschütze und begleite euch –
heute und alle Tage.

Amen."                              (H.F.)

**Lied**

„Der Himmel geht über allen auf", in Religionsunterricht praktisch 3, S. 55.
    Sch. bewegen Oberkörper und Hände mit den Freundschaftsbändern im Rhythmus des Kanons. Sie bilden dabei ggf. verschiedene, gestaffelte Kreise. – Am Ende des Liedes tauschen die Kinder die Bänder aus.

---

## Varianten und Ergänzungen

– *Samen säen:* Samen sind Träger neuen Lebens. Gewiss hat Noah auch Samen mit in die Arche genommen, Samen, mit denen jenseits der Flut neues Werden beginnen kann. In Aufnahme dieses Gedankens säen die Sch. Samen in kleine Tontöpfchen. Die nach einiger Zeit austreibenden Pflanzen/Blumen etc. werden von ihnen als Sinnzeichen des neuen, Noah und uns geschenkten Lebens gedeutet.
– *Szenisches Spiel:* Schulgottesdienste mit Religionsunterricht praktisch 2, S. 88ff enthält einen Vorschlag, in dem die Noah-Geschichte aus der Sicht des Grünen Zweiges erzählt wird.

Weitere Spielideen:
– Der neue Anfang, in: W. Longardt, Spielbuch Religion 2, Benziger/Kaufmann, Zürich/Köln/Lahr 1981, S. 137f
– Noah, in: E. Schulz/J. Koerver, Ich spiel den Abraham – und Du? Spielstücke zur Bibel, Rhein. Verband für Kindergottesdienst, Hilden 1989, S. 6ff
– R. Krenzer/P. Janssens, Noah unterm Regenbogen. Ein musikalisches Spiel zum Mitmachen für Kinder, Peter Janssens Musik Verlag, Telgte 1986[2]
– Noah und die große Flut, in: R. Krenzer, Glauben erlebbar machen. Spielgeschichten und Lieder zur religiösen Erziehung im Kindergarten, Herder, Freiburg/Basel/Wien 1989[4], S. 151ff

## Weitere Lieder

„Regenbogen, Hoffnungszeichen", in: Schulgottesdienste mit Religionsunterricht praktisch 1, S. 69f
„Ich bin bei euch alle Tage", in: Schulgottesdienste mit Religionsunterricht praktisch 1, S. 70
„Singen unterm Regenbogen", in: Schulgottesdienste mit Religionsunterricht praktisch 2, S. 87
„Noah und die große Flut", in: R. Krenzer, Glauben erlebbar machen. Spielgeschichten und Lieder zur religiösen Erziehung im Kindergarten, Herder, Freiburg/Basel/Wien 1985[3], S. 151ff
S. auch die Liedvorschläge in: Schulgottesdienste mit Religionsunterricht praktisch 1, S. 71

---

# Literaturhinweise

J. Ebach, Noah, Evangelische Verlagsanstalt, Leipzig 2001
Vgl. die Literaturangaben in: Religionsunterricht praktisch 4, S. 53

**Anlage**

# 6 An der Quelle des Lebens

**Kurzinhalt**

- Deutung der gestalteten Mitte und Gespräch über Quellen
- Erzählung „Wasserwege"
- Lied „Quellen sprudeln, werden Flüsse"
- Stilleübung
- Malen
- Bildwort „Quelle" – Sprechen und Malen
- Lied „Bewahre uns Gott ..."
- Mahl
- Lied „Ins Wasser fällt ein Stein ...".

**Thematisches Stichwort**

Grundwasser, aus Niederschlägen gespeist, tritt in Quellen ans Licht. Quellen bilden sich über undurchlässigen Schichten am Schnittpunkt von Grundwasserspiegel und Erdoberfläche. Die Ergiebigkeit einer Quelle („Schüttung") ist von Niederschlag, Verdunstung und Grundwasservorrat abhängig. Sie kann wenige Liter pro Sekunde betragen, aber auch bis zu 26.000 l/sec. („Blautopf" in Blaubeuren).

In Hessen gibt es ca. 100.000 Quellen, für Nordrhein-Westfalen differieren die Schätzungen zwischen 120.000 und 360.000 (nach: Gesellschaft für Quellökologie und Quellschutz e.V., Münster [s. Literatur]). – Quellen begegnen u.a. als Sturz-, Tümpel-, Sicker (Sumpf)- oder Kartsquellen.

Manche Orte tragen Hinweise auf Quellen in ihrem Namen, z.B. Quickborn, Paderborn (200 Quellen!), Königsborn, Heilbronn etc.

Die Quelle mit ihrem konstant kühlen und frischen Wasser wird zum Bach, zum Fluss, zum Strom, der schließlich ins Meer mündet. Auf dem Weg über Verdunstung, Wolken und Niederschlag beginnt der Kreislauf aufs Neue, ein Weg, der nie aufhört.

Quellen galten seit dem Altertum als heilige Orte, deren Wasser Leben spendende, heilende und reinigende Kraft besaß. Gottheiten, zumeist weibliche (Nymphen und Nixen), Geister und Dämonen waren hier zu Hause. Ihnen wurden Opfer (Blumen, Kränze, Münzen, Speisen) dargebracht.

Es überrascht nicht, dass die Bibel Quellen als Wunder der Schöpfung (Ps 74,15) begreift. Die Quelle ist nicht nur Voraussetzung und Garant des Lebens, sondern auch von hoher Symbolkraft. „Quelle" ist Metapher

- für das, was lebendig macht und am Leben erhält
- für das, was meinem Leben Mitte und Grund gibt
- für das, was erfrischt und belebt
- für das, was mir zufließt ohne mein Zutun
- für Freigebigkeit: Die Quelle verschenkt, was sie hat, und dient so dem Leben.

J.C. Cooper macht darauf aufmerksam, dass die Quelle der Wasser des Lebens, die die vier Paradiesströme speist, „am Fuß des Lebensbaums" liegt.

Ferner: „Fontänen in der Mitte von quadratischen Plätzen, Höfen, Kreuzgängen, umzäumten Gärten usw. verkörpern das Kosmische Zentrum wie der im Zentrum des Paradieses gelegene Springquell" (J.C. Cooper, s. Literaturliste, S. 145).

Wiederholt wird Gott bzw. Gottes Wort in der Bibel mit einer lebendigen Quelle verglichen, aus der sich Lebensströme speisen:

- „Bei dir ist die Quelle des Lebens" (Ps 36,10)
- „Du hast Quellen und Bäche hervorbrechen lassen ..." (Ps 74,15)
- „All meine Quellen sind in dir" (Ps 87,7)
- „Ihr werdet Wasser schöpfen aus den Quellen des Heils" (Jes 12,3)
- „Sie haben den Quell des Lebens verlassen" (Jer 17,13)
- „Quelle der Weisheit ist das Wort Gottes" (Sir 1,5)
- „Sein Rat ist wie eine lebendige Quelle" (Sir 21,13).

Das Wasser, das Jesus zu trinken gibt (Joh 4,14; Offb 7,17;21,6), wird zur Quelle, die bis zum ewigen Leben nicht versiegt; Christus selbst ist Quelle des Lebens und der Liebe. Er lädt ein: „Kommt her zu mir, alle, die ihr mühselig und beladen seid; ich will euch erquicken" (Mt 11,28); er durchfließt und durchtränkt unser Leben (Taufe!).

Franz von Assisi (1182–1226) hat in seinem Sonnengesang die Quelle als „Schwester" charakterisiert: „Gelobt seist du, Herr, durch Schwester Quelle: Wie ist sie nütze in ihrer Demut, wie köstlich und keusch!" (O. Karrer, Hg., Franz von Assisi: Legenden und Laude, Manesse/Conzett + Huber, Zürich 1975[6]).

„Geschwisterlichkeit" weist auf den gemeinsamen Grund hin, aus dem sich alles Leben speist und auf das, was uns geschenkweise vorgegeben ist und das ist – unabhängig von unserem Tun.

Ein wichtiges Anliegen des nachstehend beschriebenen Quellen-Festes ist es, Kindern den spirituellen Symbolgehalt des Begriffs „Quelle" ansatzweise zu erschließen, für die Quellen des eigenen Lebens sensibel zu machen und den Gedanken der Geschwisterlichkeit allen Lebens aufzubereiten.

**Biblischer Bezug**   s. „Thematisches Stichwort".

**Bezug zum Unterricht**   Ein Quellen-Fest lässt sich von verschiedenen Themen und Einheiten her vorbereiten, ohne dass ein eindeutiger Schwerpunkt zu bestimmen wäre.

Bezüge können sich von folgenden Einheiten her ergeben:

„Abraham: Ich werde mit dir sein", in: Religionsunterricht praktisch 1, S. 101ff (Quellen und Brunnen an Abrahams Weg)

„Gottes Schöpfung entdecken: Staunen – danken – loben", a.a.O., S. 139ff („Du lässest Wasser in den Tälern quellen ...", Ps 104,10)

„Kinder in anderen Ländern: Kommt, ich zeig' euch, wie wir leben", a.a.O., S. 153ff, bes. S. 157: Brunnen – Wasser

„Damals in Kapernaum: Vom Leben, Arbeiten, Feiern zur Zeit Jesu", in: Religionsunterricht praktisch 2, S. 30ff, bes. S. 44: Am Brunnen

„Josef: Israel erzählt von Josefs Weg", a.a.O., S. 95ff

„Psalm 23: ... und ob ich schon wanderte im finstern Tal", a.a.O., S. 125ff („... und führtest mich zum frischen Wasser")

„Kirche: Ein Haus für viele", in: Religionsunterricht praktisch 3, S. 11ff (Das Taufbecken als „Quelle")

„Mose: Gott führt und befreit", a.a.O., S. 74ff (Quellen und Brunnen an Israels Weg)

„Bibel: Die gute Nachricht weitersagen", a.a.O., S. 184ff (Die Botschaft der Bibel als Quell des Lebens)

„Schöpfung als Geschenk und Aufgabe: In Gottes Händen ist das Leben geborgen", in: Religionsunterricht praktisch 4, S. 11ff

Vgl. auch: Schulgottesdienste mit Religionsunterricht praktisch 2, S. 95ff („Am Brunnen des Lebens", Joh 4).

**Adressaten**                 Alle Schuljahre.

**Vorarbeiten**
– L. sollte die „Quelle" als gestaltete Mitte in der Pause vor Beginn des Festes vorbereiten: Ein blaues Tuch (ø ca. 120 cm) wird rund geformt und in die Mitte gelegt. Mit dicker blauer Wolle lassen sich konzentrische Kreise auf das Tuch aufbringen. – Tische und Stühle sollten zur Seite gestellt werden.
– Stilleübung: Es ist zu empfehlen, schon vor diesem Fest die Kinder durch kleinere Übungen (s. Literatur auf S. 47) mit Stilleübungen vertraut gemacht zu haben.
– Mal-Utensilien bereitlegen (lassen).

**Zeitbedarf**                 ca. 2 Stunden.

---

# Gestaltungsvorschlag

**Feierlicher Einzug**

**Wahrnehmung der gestalteten Mitte**
Sch. nehmen die „Quelle" als gestaltete Mitte wahr und benennen, was sie sehen.

Einzelne Sch. berichten im Rahmen eines „Gesprächs über Quellen" von eigenen Quellenerfahrungen oder weisen auf das Thema „Quelle" im Märchen hin.

**Erzählung**
„Wasserwege": s. Anlage.

Alternativ: A. Lindgrens Geschichte von der „Quelle, die den Durst löscht", abgedruckt in: H. Halbfas, Religionsbuch für das 2. Schuljahr, Patmos/Benziger, Düsseldorf/Köln 1984, S. 73.

**Lied**

Text: Benninghoff-Giese, Böttcher, Bücken, Schiefer
Musik: Schiefer

Zeichen

Quellen sprudeln, werden Flüsse,

bis sie große Meere sind,

sie sind Zeichen für das Le- ben,

1. das an jedem Tag be-ginnt,

2. das an jedem Tag be-ginnt.

*(Rechte: H. Schiefer)*

**Stilleübung**

Sch. setzen sich/legen sich um die „Quelle" und kommen zur Ruhe. Hinweise zur Einstimmung/Haltung/Atmung: z.B. G. u. R. Maschwitz, Geistliches Leben wagen – Gemeinsam meditieren. Ein Arbeits- und Übungsbuch, Burckhardthaus-Laetare, Offenbach/M. 1994[2], S. 39ff, 49ff, 77ff – dies., Stille-Übungen mit Kindern. Ein Praxisbuch, Kösel, München 1993, S. 66f – R. Brunner, Hörst du die Stille? Hinführung zur Meditation mit Kindern, Kösel, München 1991, S. 12ff – H. Halbfas, Religionsunterricht in der Grundschule, Lehrerhandbuch 1, Patmos, Düsseldorf 1995[7], S. 43ff – ders., Religion in der Grundschule, Lehrerhandbuch 2, Patmos, Düsseldorf 1992[5], S. 81ff – ders., Religion in der Grundschule, Lehrerhandbuch 3, Patmos/Benziger, Düsseldorf/Zürich 1996[5], S. 117ff – ders., Religion in der Grundschule, Lehrerhandbuch 4, Patmos, Düsseldorf 1995[5], S. 44ff.

Nach entsprechender Hinführung lädt L. zu folgender Stilleübung ein:

„Komm mit zur Quelle.
Setz dich nieder,
wo sie aus der Erde entspringt.

Frisch, klar und stetig
sprudelt die Quelle aus der Erde.

Schau hinein
in das quellende Wasser.
Was siehst du? ...

Vielleicht erzählt dir
die Quelle eine kleine Geschichte,
wispert sie dir leise
eine Botschaft zu ...

Schöpfe vorsichtig
mit deiner hohlen Hand
Wasser aus der Quelle,
gutes, klares Wasser.

Trinke von dem köstlichen Wasser.
Spürst du,
wie es deinen Durst löscht,
deinen Leib belebt? ...

Verabschiede dich nun
leise von deiner Quelle.
Kehre langsam zurück
in unsern Kreis.

Öffne deine Augen.
Bewege Hände und Füße."

*(H.F.)*

**Malen**

Kinder malen, was sie „gesehen" bzw. „gehört" haben. Bevorzugte Technik: Nass-In-Nass.
Das Malen kann ggf. durch eine leise meditative Musik begleitet werden.
Kinder sprechen zu ihren Bildern. Anschließend werden die Bilder im Kreis um die Mitte gelegt.

**Weiterführendes Gespräch**

„Quelle" ist auch ein Bildwort
... für das, was lebendig macht und am Leben erhält, (z.B. Worte, Bilder, Botschaften ...)
... für das, was in mir Vertrauen stiftet, (z.B. Eltern, Gott, Freunde ...)
... für das, was meinem Leben eine Mitte gibt (...).

Wer ist für mich wie eine Quelle?
Für wen kann ich Quelle sein?

In der *Bibel* ist „Quelle" häufig ein Bild für Gott: z.B. „Du ... bist die Quelle, die Leben schenkt" (Ps 36,10, J. Zink) oder ein anderes der o.g. biblischen Bildworte.

**Deutung und Um-** Sch. deuten das Bildwort und malen dazu.
**setzung im Bild**  Die fertigen Bilder werden als weiterer Kreis um die Mitte gruppiert und
gewürdigt.

**Lied**  „Bewahre uns, Gott, behüte uns, Gott", (EG 171, Str. 1) (Diese Strophe nennt
das Motiv der „Quelle" und bezieht es auf Gott).

**Mahl**  Es wird vorgeschlagen, auf ein ausführlicheres Mahl zu verzichten und statt
dessen ein schmackhaftes Mineralwasser auszuschenken.

**Schlusslied**  „Ins Wasser fällt ein Stein ...", Str. 1, in: Schwerter Liederbuch, Nr. 150.

### Andere Lieder

„Auf der Suche nach dem Leben, laßt uns zu dem Brunnen gehen ...", in:
Schwerter Liederbuch, Nr. 100. – Das Wort „Brunnen" ist sinngemäß
durch „Quelle" zu ersetzen.
„Wasserquell, Wasserquell ...", in: RPP 2/1987, S. 11
„Ein Mensch, mit dem ich rede ...", in: Schwerter Liederbuch, Nr. 217
„Laudato si ...", Str. 3, in: Schwerter Liederbuch, Nr. 33
„Quelle des Lebens, Gott das bist du", in: Troubadour für Gott, Nr. 600
„Geh, geh zum Fels ...", in: Troubadour für Gott, Nr. 85
„Ich singe dir mit Herz und Mund" (EG 324,2)
„Alles muß klein beginnen", Str. 2 (Geh aus, mein Herz, Nr. 74).

---

## Varianten und Ergänzungen

**1. Weg eines**  Auf einem großflächigen Gelände (Pausenhalle/Schulhof/Turnhalle ...) wird
**Durstigen**  eine große Spirale mit mehreren Stationen ausgelegt, die durchlaufen werden
**zur Quelle**  und schließlich zur Mitte, der „Quelle", hinführen. Dort steht ein Krug mit
Wasser, aus dem alle trinken dürfen.

„Stationen" können z.B. sein:

Station 1:  L. erzählt ein „Quellen"-Märchen
Station 2:  Sch. lösen ein themenbezogenes Rätsel
Station 3:  Puzzle
Station 4:  Tanz, z.B. „Mayim, Mayim", Tanz aus Israel zu Jes 12,3 „In Freude
werdet ihr Wasser schöpfen aus den Quellen des Heils". Choreo-
graphie in: Thema Wasser – Natur und Umwelt, (Versuche 10)
Werkstattberichte, Beratungsstelle für Gestaltung, Frankfurt/M.
1986, S. 13.
Station 5:  Wassergeräusche identifizieren und zuordnen, z.B. mit Hilfe der
Kassette „Wassergeräusche", Verlag an der Ruhr/Rheinisch-
Westfälische Wasserwerksgesellschaft, Mühlheim/R. o.J.

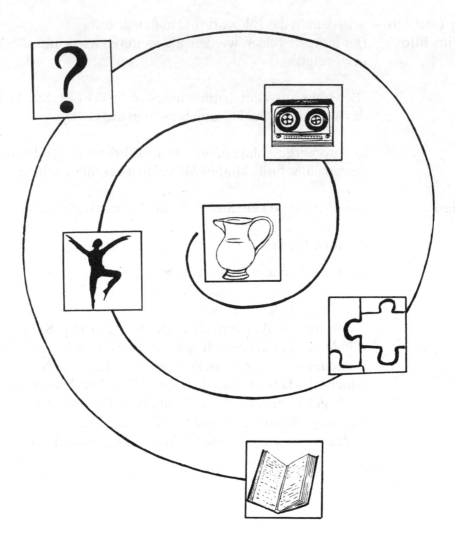

**2. Von der Quelle zum Meer**  W. Poeplau und L. Edelkötter haben in ihrer Wassergeschichte „Komm mit zur Quelle" das Bild der Quelle ausgeweitet und mit musikalischen Mitteln den Weg von der Quelle zum Meer in sechs Stationen als Variationen des gleichen Grundmotivs musikalisch nachgezeichnet:

Quelle – Bach – Fluss – Strom – Meer – Wolken.

Die Kassette bietet die Quellen-Geschichte in zwei Varianten an: als Stille-übung (Musik und Text) oder als Instrumentalstück (B-Seite der Kassette).

G. Krombusch regt zudem in dem o.g. Begleitbuch zur Vertiefung das Malen einer „Kreisgeschichte" in arbeitsteiliger Gruppenarbeit an, die anschließend von Station zu Station „begangen" wird (a.a.O., S. 37f).

**3. Krug und Quelle**  Sch. formen im Anschluss an das Gespräch über den Bildgehalt des Begriffs „Quelle" (s.o. S. 79. 82) aus Ton kleine Krüge. Sie notieren auf verschieden-farbige Zettel, was oben (S. 82) unter dem Stichwort „Weiterführendes Gespräch" angegeben ist (z.B. „Was macht mich lebendig/hält mich am Le-ben?" ...) und stecken die Zettel in die Tonkrüge. Diese werden in die Mitte abgestellt, einzelne Beispiele vorgelesen und ggf. erläutert.

**4. Aus der Quelle schöpfen – Eine gelenkte Phantasie**

In Verbindung mit Joh 4,14 schlägt Hannelore Morgenroth eine gelenkte Fantasie vor, die mit älteren (und geübten) Schülern i.A. vorstellbar ist: Mit Hilfe eines „Schlüssels" wird der „Brunnen der Tiefe" geöffnet, in dessen Wasser man hineinsteigt und seine reinigende Kraft erfährt. Von dort geht es weiter zur „Quelle, die das lebendige Wasser (des Brunnens) speist". Die „Hüterin der Quelle" reicht mir einen Krug, mit dem ich aus der Quelle „lebendigen Wassers" schöpfe. „Die mir den Krug gegeben hat, gibt mir zum Abschied eine für mich wichtige Botschaft mit. Was sagt sie zu mir?" (H. Morgenroth, Den Brunnen aufschließen. Selbstentdeckungen mit biblischen Geschichten, Kösel, München 1989, S. 111ff).

Der Zusammenhang zwischen „Quelle" und Taufe kann ggf. herausgearbeitet werden.

**Tanzlied**

Melodie und engl. Text: mündlich überliefert (indianischer Herkunft). Deutscher Text: R. Maschwitz.

Der Fluss, der fließen will...

Der Fluss, der will flie-ßen, wachsen und fließen. Der Fluss, der will fließen heim in das Meer. Er-de, du trägst mich hier, ich bin ein Teil von dir. Erde, du trägst mich hier heim in das Meer.

Wir fangen auf der äußeren Kreislinie an, linke Schulter zur Mitte, normale Handfassung (auch ein Tuchtanz mit Tüchern oder Krepppapier-Bändern ist möglich). Das Lied wird fortlaufend mit einem betonten Rhythmus gesungen. „Der Fluss, der will fließen, wachsen und fließen ..." Einer ist der erste Wassertropfen und führt den Fluss an. Im Schreiten, aus dem ein betontes Stampfen werden kann, windet sich der Fluss durch den Raum, in Kreisen und Spiralen, Wellen und Bögen. Schön ist es auch, das ganze Haus oder auch draußen die Natur miteinzubeziehen. Irgendwann findet der Fluss wieder in den Kreis zurück, ins große Meer.

*(aus: G. u. R. Maschwitz, Stille-Übungen mit Kindern, Kösel-Verlag, München 1993, S. 127)*

# Literatur

E. Bihler, Symbole des Lebens – Symbole des Glaubens. Werkbuch für Religionsunterricht und Katechese. Bd. 2, Lahn, Limburg 1998, S. 12ff

H. Freudenberg (Hg.), Freiarbeit mit Religionsunterricht praktisch, Bd. 2, Vandenhoeck & Ruprecht, Göttingen 2002, S. 63ff (Wasser – Quelle des Lebens)

U. Früchtel, Mit der Bibel Symbole entdecken, Vandenhoeck & Ruprecht, Göttingen 1991, S. 395ff

G. Krombusch, Mit Kindern auf dem Weg in die Stille. Arbeitshilfen zu: „Komm mit zur Quelle", von W. Poeplau und L. Edelkötter, MC mit erzählenden Texten und lautmalerischer meditativer Musik, Impulse, Drensteinfurt 1995³, S. 27ff

M. Lurker, Die Botschaft der Symbole. In Mythen, Kulturen und Religionen, Kösel, München 1990, S. 159.162

Unscheinbarer Beginn des Lebens, in: Kosmos 4/95, S. 24ff

Wasser, Brunnen und Quelle, in: Gott hat viele schöne Namen. Anregungen für Kinderbibelwochen oder Kinderbibeltage, Beratungsstelle für Gestaltung von Gottesdiensten, Frankfurt/M. 1992, S. 41ff

**Weitere Informationen durch:**

Gesellschaft für Quellökologie und Quellschutz e.V., Querstr. 2a, 48155 Münster

## Wasserwege

In den Sommerferien verreiste Karin mit ihrer Mutter ins Gebirge. ... In ihrer vorletzten Urlaubswoche gerieten Mutter und Tochter auf den Kapellenweg. ... Mitten auf dem hellen kiesigen Weg sah Karin zum ersten Mal im Leben eine Quelle aus der Erde sprudeln. Sie traute ihren Augen nicht, hockte sich nieder und fragte: „Es ist doch eine Quelle, nicht?"

„Das werden wir ja gleich feststellen", antwortete die Mutter und hockte sich neben Karin. Das Wasser bewegte sich wie bei kullerndem Kochen. Glasklar quoll es aus dem Boden. Und genau dort wirbelte es mit zarter Kraft grobe Sandkörner auf, die um den Sprudel kreisten.

„Steck mal an der Stelle den Finger in den Boden", riet die Mutter. Vorsichtig stieß Karin den Zeigefinger ins pfützenflache Wässerchen. Sie fühlte das kühle Quirlen. Als wollte sie sich das angenehme Gefühl für alle Zeiten einverleiben, machte sie die Augen zu und tastete mit der Fingerspitze etwas tiefer. „Es ist ein richtiges Loch", erklärte sie der Mutter, „als ob das Wasser sich da unten von allen Seiten zusammenzieht und genau hier heraus-will. Nicht dicker als mein Finger."

Als sie den zurückzog, sah man das Loch eine Weile, ein kleines rundes Dunkel, aus dem es quoll und quoll. Bis wieder Erdkörnchen hineinstrudelten und es locker abdeckten. Karin stieß daneben noch einmal in das kalte Naß. Es sah so rein aus, dass sie am liebsten davon getrunken hätte. Wieder spürte sie das lustige Gequirle, wieder blieb ein dunkles Löchlein zurück, als hätte sie soeben erst die Quelle gebohrt. Die wusch – Körnchen um Körnchen – ein kleines Becken in den Weg. Darin sammelte sich das Wasser, bis es nach rechts ins sumpfige Gelände abfloss.

Von nun an suchte Karin kein Wanderziel so oft und gern wie den Kapellenweg. Manchmal trafen sie dort andere Wanderer. Jeder hielt an vor der winzigen Quelle und hockte sich nieder und freute sich. Bei Regenwetter sprudelte die Quelle lebhafter, bei längerer Trockenheit spärlicher. Das kleine Sammelbecken um sie herum sah von Mal zu Mal größer aus. In den ansteigenden Wiesen sammelte sich das Wasser nach Regenfällen und drängte ausgerechnet auf dem Wanderpfade aus der kiesigen Erde.

„Es kommt sauberer heraus, als Regen und Schnee sind, die in die Wiese sickern", erklärte ein älterer Wanderer, „der Erdboden reinigt es wie ein Filter."

Karin rätselte, wohin es wohl flösse?

Lachend antwortete der Mann: „Man mag's kaum glauben: Ein Wasserweg von hier bis ins Schwarze Meer! Das ist kein Witz, Kind. Schau hinab in die Wiese. Der dünne Graben dort fängt das Quellwasser als erster auf. Von ihm rinnt es weiter unten in den Erlenbach. Der trägt es schon flotter in die breitere Bergache. In ihr schäumt es in die Salzach. Die mündet in den Inn, der in die Donau, und die Donau ..."

„Fließt ins Schwarze Meer", rief Karin und wusste, dass es von da weitergehen konnte ins Mittelmeer, an dem sie voriges Jahr die Ferien verbracht hatten, und von da ...

„Und ich steh an einer der Quellen, und sie ist so klar und rein", sagte sie andächtig. ...

*(© Eva Rechlin)*

# 7 | Brot – Nahrung des Leibes und der Seele

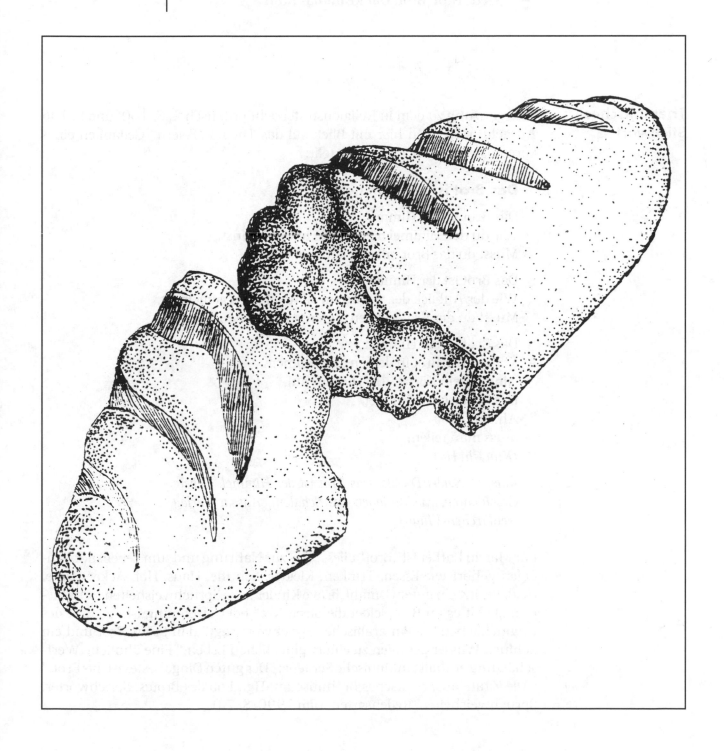

**Kurzinhalt**

- Gedicht „Als Körnlein gesät ...“
- Sinnesübung (Sehen – Riechen – Schmecken)
- Lied „Brot, das uns stärkt ...“
- Frühstück mit Einschüben
    - ... Als Brot knapp war
    - ... Speisung der 5000
    - ... Ich bin das Brot des Lebens
    - ... Von Menschen, die Brot teilen
- Sprechstück „Wir ehren das Brot“
- Lied „Brot, Brot! Danke für das Brot!“

**Thematisches Stichwort**

In Ergänzung zu dem in Religionsunterricht praktisch 4, S. 100f und S. 106 Ausgeführten seien hier mit Blick auf das Thema „Feiern“ Gedanken eines koreanischen Weisen vorangestellt:

### Das Brot ist der Himmel

Das Brot ist der Himmel.
Wie du den Himmel nicht allein haben kannst,
Musst du das Brot mit den anderen teilen.

Das Brot ist der Himmel.
Wie der Anblick der Sterne am Himmel allen gemein ist,
Musst du das Brot mit den anderen zusammen essen.

Das Brot ist der Himmel.
Kommt das Brot in deinen Mund hinein,
Nimmt dein Körper den Himmel auf.
Das Brot ist der Himmel.
Ah, das Brot
muss man teilen.
*(Kim Chi Ha)*

*(aus: U. Seidel/D. Zils, Das Brot ist der Himmel. Gebete, Geschichten, Meditationen aus Schalom, Aussat Verlag, Neukirchen-Vluyn)*

Für Martin Luther ist „Brot“ alles, „was zur Nahrung und zum Lebensnotwendigen gehört wie Essen, Trinken, Kleider, Schuhe, Haus, Hof, Äcker, Tiere, Geld, Besitz, ein guter Gemahl, brave Kinder ...“ – Spruchweisheiten formulieren: „Fehlt es an Brot, leidet die Liebe Not“ oder „Hoffnung ist das Brot des Unglücklichen“. – Ein arabisches Sprichwort sagt: „Ein Stück Brot und ein Schluck Wasser genügen zu einem glücklichen Leben.“ Eine ähnliche Wertschätzung enthält eine indische Sentenz: „Der guten Dinge bestes ist das Brot.“ (Alle Zitate aus: Deutsches Brotmuseum, Hg., Lob des Brotes. Sprichwörter, Spruchweisheiten, Redensarten, Ulm 1990, S. 7ff)

**Biblischer Bezug**   Mehr als 260 Belegstellen nennt die Zürcher Bibel-Konkordanz unter dem Stichwort „Brot", Brot im wörtlichen, im kultischen und im übertragenen Sinn! Brot ist Grundnahrungsmittel (das die Menschen der Bibel nur allzuoft entbehren müssen!) und „Lebenschiffre schlechthin", „letztmöglicher Leib der Liebe" (H.A. Schüller).

Aus der Vielzahl biblischer Brot-Geschichten sind hier als mögliche Bezugspunkte herauszustellen:

| | | |
|---|---|---|
| **AT** | Gen 47,13ff | Die Ägypter verkaufen sich und ihre Habe für Brot an den Pharao |
| | Ex 12 | Einsetzung des Passa |
| | Ex 16 | Speisung mit Manna |
| | | |
| **NT** | Mt 4,4 | Der Mensch lebt nicht vom Brot allein … |
| | Mt 6,11 | Unser tägliches Brot gib uns heute |
| | Mt 26,26ff parr. | Einsetzung des Abendmahls |
| | Mk 6,35ff parr. | Speisung der Fünftausend |
| | Lk 24,30f | Emmaus |
| | Joh 6,22ff | Jesus, das Brot des Lebens |
| | Apg 2,42 | Sie blieben aber beständig … im Brotbrechen (Urgemeinde) |

Vgl. auch Mt 13,33 parr.   Gleichnis vom Sauerteig.

**Bezug zum**      *Hauptbezüge*
**Unterricht**      „Brot des Lebens: durch Teilen und Vertrauen wird ein jeder satt", in: Religionsunterricht praktisch 4, S. 108ff

„Gleichnisse: Den Himmel auf die Erde bringen", in: Religionsunterricht praktisch 3, S. 29ff (Sauerteig)

Vgl. auch: Schulgottesdienste mit Religionsunterricht praktisch 1, S. 83ff („Menschen brauchen nicht nur Brot – Vom Sammeln und Teilen" [Frederick – Erntedank – Schöpfung])

*Nebenbezüge*
„Ostern: Ein Fest der Freude über das Leben", in: Religionsunterricht praktisch 1, S. 131f (Emmaus), S. 133f (Weizenkorn)

„Kinder in anderen Ländern: Komm, ich zeig' euch, wie wir leben", a.a.O., S. 153ff

„Damals in Kapernaum: Vom Leben, Arbeiten, Feiern z.Zt. Jesu", in: Religionsunterricht praktisch 2, S. 43 (Brot backen), S. 44 (Dreschen und Worfeln), S. 46 (Wir feiern ein Erntefest)

„Mose: Gott führt und befreit", in: Religionsunterricht praktisch 3, S. 77f (Passa), S. 80 (Manna), S. 82f (Wir feiern ein Dank- und Erinnerungsfest)

„Beten: Herr, tue meine Lippen auf" (Vaterunser), a.a.O., S. 138, 145 (Unser tägliches Brot gib uns heute!)

**Adressaten**      Alle Schuljahre.

**Vorarbeiten**     Wie viel Raum der Vorbereitung eines Brotfestes eingeräumt werden kann, ist von den jeweiligen örtlichen Gegebenheiten, Räumlichkeiten und Möglichkeiten abhängig.

Mehrere Formen, mit Kindern zusammen Brot zu backen, beschreibt Religionsunterricht praktisch 3, S. 27:
– Selbst gesäuerten Brotteig herstellen und backen
– Sauerteig vom Bäcker besorgen und nur die Endstufe der Teigzubereitung ausführen
– Brot zu Hause backen und fertiges Brot mit in die Schule bringen.

Gerade für ein Brotfest wird aber der sinnenhafte Mitvollzug aller Vorgänge der Vorbereitung und des Backens von besonderem Wert sein.

Wo mehr Zeit zur Verfügung steht, etwa bei einem Projekttag oder im Rahmen einer Projektwoche, sollte möglichst auch das Mahlen der Körner durch die Kinder geschehen. Verschiedene Möglichkeiten bieten sich an:
– Handmühle (alte Kaffeemühle)
– Mörser
– Mahlsteine, zwischen denen die Körner geschrotet werden.

Falls ein Schulgarten vorhanden ist, kann ggf. im Rahmen einer langfristigen Planung Getreide gesät, dessen Wachstum beobachtet und schließlich geerntet werden.

Folgendes Brotrezept lässt sich bei vertretbarem Aufwand mit Kindern realisieren:

In der Regel wird man sich – aus Zeitgründen – mit Brötchen begnügen müssen. Ein schmackhaftes Rezept kommt aus der Klosterbäckerei:

**Roggenbrötchen**

Zutaten:  250 g    Roggenmehl
          20 g     Hefe
          ¼ l      lauwarmes Wasser
          1 Teel.  Salz
          Fett zum Bestreichen des Bleches

Zubereitung:

Mehl in eine Schüssel geben, in der Mitte eine Mulde bilden, Hefe hineinbröckeln und mit 3 Eßl. lauwarmem Wasser und etwas Mehl zu einem Vorteig rühren. Den Vorteig etwa 15 Minuten gehen lassen.

Den Rest des Wassers zufügen und den Teig glatt kneten, bis er Blasen schlägt und sich vom Schüsselrand löst.

Eine Rolle formen und in etwa 10 gleiche Portionen teilen. Brötchen formen, mit einem Messer einschneiden, mit Wasser bepinseln und nochmals 15 Minuten gehen lassen. Danach in den vorgeheizten Backofen 20–25 Minuten bei 200–220 Grad backen.

*(aus: E. Dühr, Geheimrezepte aus der Klosterküche ... werden nicht verraten, Trier 1987, S. 96)*

Ferner sind folgende programmatische Vorarbeiten zu planen:
- Einschub 1: Text zum Thema (s. Anlage, L. oder gute/r Leser/in liest). Authentischer wäre es, wenn eine Großmutter von ihren eigenen Erfahrungen mit knappem Brot in der (Nach-)Kriegszeit berichten würde.
- Einschub 2: Vorbereitung des Rollenspiels.
- Einschub 3: Bereitstellung des Bildes von J. Dalenoord „Brot vom Himmel" (zu Ex 16). – Da von diesem Motiv kein Wandbild existiert, sollte L. rechtzeitig in einem Copy-Shop eine Farbfolie für den TP in Auftrag geben.
  Das Bild ist farbig abgedruckt in: „Bibel für die Grundschule", Butzon & Bercker, Katholisches Bibelwerk, Kevelaer/München 1979, S. 60.
- Einschub 4: Von Menschen, die Brot teilen/verschenken. – Die Kinder begegnen im Sinne der Wiederholung drei Personen, die ihr Brot mit anderen teilen: Jesus, Mutter Theresa und dem Barmherzigen Samariter. Der Samariter teilt vielleicht nicht im wörtlichen Sinne, jedoch im übertragenen Sinne sein Brot mit dem Überfallenen: Er kümmert sich um ihn, teilt mit ihm, was er hat, stillt dessen Hunger, damit er möglichst bald wieder zu Kräften kommt.
  Die Szenen lassen sich leicht mit Flachpuppen darstellen. Ersatzweise ist eine sparsame Verkleidung der Kinder mit Tüchern o.ä. vorstellbar.
  Welche Personen agieren, hängt davon ab, welche Figuren den Schülern aus dem RU schon vertraut sind und sich für das o.g. Thema anbieten.

**Raumgestaltung**   In die Mitte des Raumes wird eine grobe Leinendecke gelegt und mit folgenden Attributen geschmückt:
- Krug mit Getreidestrauß (verschiedene Getreidesorten; muß langfristig geplant werden, da die Getreidefelder in der Regel bis September abgeerntet sind).
- Kerze
- Sachbücher und Bilder zum Thema „Brot" (s. Literaturhinweise)
- Das frischgebackene Brot auf einem Holzteller, evtl. zunächst noch mit einem Tuch zudecken.

Später wird dieses Arrangement durch weitere Attribute ergänzt (s.u.).

**Zeitbedarf**      ca. 2 Stunden (ohne Backen).

---

# Gestaltungsvorschlag

**Gedicht**         Einige Sch. gruppieren sich im Halbkreis und präsentieren auf Glastellern/ Schalen beispielhafte Stufen der Entwicklung vom Korn zum fertigen Brot:
- Körner/Ähren
- Gemahlene Körner/Mehl
- Wasser – Salz – Hefe
- Brotscheibe.

Ein/e Sch. trägt das folgende Gedicht vor:

**Unser Brot**

Als Körnlein gesät,
als Ähren gemäht,
gedroschen im Takt,
gesiebt und gehackt,
dann hurtig und fein
gemahlen vom Stein,
geknetet und gut
gebräunt in der Glut,
liegt's duftend und frisch
als Brot auf dem Tisch

*(Volksgut; aus: Religionsunterricht praktisch 4, S. 105)*

Sch. stellen die Glasteller vorsichtig auf die Decke in der Mitte ab.

**Überleitung**  L. erinnert (je nach gegebener Situation) an die bisherigen Lernschritte. Stichworte:
- Vom Korn zum Brot
- Brotgeschichten der Bibel
- Erfahrungen beim Backen des Brotes
- Brot ist ein Geschenk.

**Sinnesübungen**  Jede/r Sch. erhält ein kleines Stück von dem zuvor gebackenen Brot, um es sich in den folgenden Übungen sinnlich zu erschließen:

*Sehen:* (Sch. konzentrieren alle Aufmerksamkeit auf das Auge) Die Struktur des Brotes möglichst genau erfassen und sich einprägen. Welche Farben und Farbabstufungen sind erkennbar? Welche Details lassen sich entdecken? (ganze Körner, gemahlene Körner, Hohlräume, glatte und raue Partien ...)

*Riechen:* (Sch. richten alle Aufmerksamkeit auf die Nase; Nasenflügel weit öffnen) Das Brot ganz nahe an die Nase heranführen; den Duft des frischen Brotes erspüren und genießen. Gibt es Duftnuancen?

*Schmecken:* (Alle Sinne widmen sich den Geschmacksnerven) Ein Stück Brot abbeißen. Die Körner herausschmecken; ggf. unterschiedliche Getreidesorten unterscheiden. Den Vorgängen des Schmeckens nachspüren:
- kauen – zerdrücken
- Speichelbildung
- schlucken.

Verändert sich der Geschmack während der verschiedenen Abläufe? (ggf. die Übung wiederholen lassen).

**Lied**  Text und Musik: Bernd Schlaudt

**Frühstück**            mit dem frisch gebackenen Brot, mit Butter, Honig, Milch etc.

Das Frühstück wird von Zeit zu Zeit unterbrochen, um mit den vorbereiteten Szenen und Aktionen unterschiedliche Aspekte des Themas „Brot" hervorzuheben.

Einschub 1:   *„Nur ein Stück Brot"* (Textlesung – s. Anlage)
Die Kurzgeschichte konfrontiert die Kinder mit der ihnen völlig unbekannten Situation des Mangels und des Hungers im Deutschland nach dem 1. Weltkrieg.

Einschub 2:   *Speisung der 5000* (Rollenspiel)
Einen Vorschlag für ein katechetisches Spiel mit drei Personen entwickelt z.B. W. Eitel in: Biblische Geschichten spielen. Vorschläge für Kindergottesdienste und Kindergruppen, Kösel, München 1992, S. 79–81 („Die wunderbare Brotvermehrung". Nach Joh 6,1–12).

Einschub 3:   *„Brot vom Himmel"*
Bildbetrachtung zu dem gleichnamigen Bild von Jenny Dalenoord (Bibel für die Grundschule, Butzon & Bercker, Kevelaer 1979, S. 60)

Einschub 4:   *Von Menschen, die Brot teilen/verschenken*
(Die nachstehend genannten Personen stellen sich mit Flachpuppen vor. Zur Herstellung von Flachpuppen s. Schulgottesdienste mit Religionsunterricht praktisch 1, S. 53.)

*Jesus:* „Ich bin Jesus.
Jeden Tag habe ich mit meinen Jüngern das Brot geteilt. Auch kurz vor meinem Tod habe ich für sie das Brot gebrochen. Das Brot sollte die Jünger trösten und stark machen. Wenn sie traurig waren, sollte das Brot sie an mich erinnern. Im Brot bin ich ihnen und euch ganz nahe. Im Brot schenkt uns Gott Kraft zum Leben."

*Mutter Teresa:* „Ich bin Mutter Teresa.
Mit meinen Mitschwestern lebe ich in Kalkutta. Wir speisen Hungrige, pflegen Kranke und trösten Sterbende. Das Brot, das wir mit den Armen teilen, soll sie Gottes Liebe spüren lassen."

*Barmherziger Samariter:* „Ich bin der Mann aus Samaria, den sie den ‚barmherzigen Samariter' nennen.
Zwischen Jericho und Jerusalem fand ich damals den überfallenen Mann ganz hilflos am Wegrand liegen. Mit Öl und Wein habe ich seine Wunden behandelt. Ich habe ihn aus meinem Krug trinken lassen und mein Brot mit ihm geteilt. Vieles kann man teilen: Essen und Trinken, aber auch Zeit und Liebe, Freundschaft und Glück."

Welche Personen ausgewählt werden, hängt von den zuvor behandelten Themen im jeweiligen Schuljahr ab.

Alternativ oder ergänzend kann das Thema „Brot" auch mit folgenden Figuren in Verbindung gebracht werden:
– Franz von Assisi: s. Schulgottesdienste mit Religionsunterricht praktisch 1, S. 74ff
– Ein Israelit, der das Manna-Wunder in der Wüste miterlebt hat: s. Religionsunterricht praktisch 3, S. 80f
– Ein Kind aus Kapernaum: s. Religionsunterricht praktisch 2, S. 43f
– Ein Dorfbewohner/eine Dorfbewohnerin aus Alme/Kamerun, der/die von der Brotherstellung in Afrika erzählt: vgl. Religionsunterricht praktisch 1, S. 157f

**Sprechstück**            **Wir ehren das Brot**

L.:   Wir ehren das Brot,        Sch.: weil es köstlich schmeckt.

    Wir ehren das Brot,        weil es uns stärkt zum Leben.

    Wir ehren das Brot,        weil es Leben erhält.

L.:   Wir ehren das Brot,        Sch.: weil so viele Menschen hungrig bleiben.

    Wir ehren das Brot,        weil es für die Hungernden Leben bedeutet.

    Wir ehren das Brot,        weil der Hunger von Millionen das Brot heilig macht.

L.:   Wir ehren das Brot,        Sch.: weil wir es teilen können.

    Wir ehren das Brot,        weil es uns zu Geschwistern macht, wenn wir es gemeinsam essen.

L.:   Wir ehren das Brot,        Sch.: weil es uns erinnert an den, der selbst zum Brot geworden ist für den Hunger der Menschen.

    Wir ehren das Brot,        weil es uns erinnert an Jesus, das Brot des Lebens.

Alle:  Auch wir können Brot sein, von dem andere leben.

*(aus: Wilhelm Willms, Aus der Luft gegriffen, Kevelaer 1981³, S. 74; überarbeitet von H.H. Jantzen, in: Der Kindergottesdienst 3/90, Gütersloher Verlagshaus, S. 111)*

**Lied**                         Text: Rolf Krenzer
                                 Musik: Peter Janssens

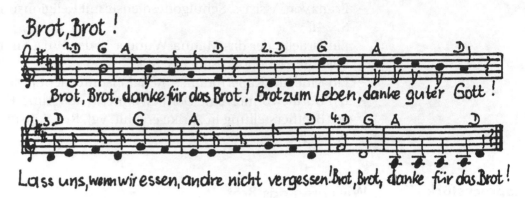

*(aus MC: „Ich schenk' dir einen Sonnenstrahl", 1985, Rechte im Peter Janssens Musik Verlag, Telgte)*

---

### Varianten und Ergänzungen

**1. Rhythmik-Einheit (Vom Wachsen)**

L. Maiwald hat ein rhythmisches Spiel zum Thema „Wachsen" (mit Musik und verschiedenfarbigen Tüchern [braun: Erde; blau: Regen; gelb: Sonne]) entwickelt, das folgenden Weg nachzeichnet:

– Korn fällt in die Erde
– Regen gießt die frische Saat
– Sonnenstrahlen erwecken das Korn
– Der Keim regt sich und streckt sich der Sonne entgegen
– Der Halm wächst, es bildet sich eine Ähre
– Der Halm wird stärker, er trägt die volle Ähre
– Halme wiegen sich im Wind
– Halme werden zum Feld
– Zeit der Ernte ist gekommen.

*(in: I. Becker/P.F. Bock, Das Brot. Eine Bildergeschichte und Sachtexte für Kinder im Vorschulalter, in der Grund- und Sonderschule, für die Gemeindearbeit, av edition, München/Offenbach 1986, S. 54f)*

Zum selben Thema schlagen G. u. R. Maschwitz, Stilleübungen mit Kindern. Ein Praxisbuch, Kösel, München 1993, S. 197f („Vom Wachsen der Saat") eine Imagination vor.

**2. Was unser Herz stärkt – Eine Brotmeditation**

U. Walter regt – auch als Hinführung von Kindern zum Abendmahl – eine meditative Betrachtung zu den Elementen des Brotes an: Worten aus Ps 104,1.14f.24 folgt eine Brot-Meditation:

## Vom Korn zum Brot, ein langer Weg

Die Kinder sitzen im Kreis. Um ein weißes Tuch mit einem Brot in der Mitte ist ein farbiger Stern mit fünf Strahlen gelegt, auf denen die verschiedenen Elemente des Brotes liegen:

*Getreide* – auf grünem Tisch – möglicher Begleittext: Joh 12,24
Gedanken zum Getreide: Ein Korn macht kein Brot – Gemeinschaft.

*Salz* – auf gelbem Tuch – mögliche Begleittexte: Mt 5,13; Mk 9,50
Gedanken zum Salz: Nur wenig wird gebraucht, aber doch gibt es dem Brot Würze und bringt den Geschmack erst richtig zur Geltung.

*Wasser* – auf blauem Tuch – möglicher Begleittext: Joh 4,14
Gedanken zum Wasser: Quelle des Lebens – Element der Verbindung und Reinigung.

*Hefe/Sauerteig* – auf violettem Tuch – möglicher Begleittext: Mt 13,33
Gedanken zur Hefe: Es ist die Kraft der Verwandlung – Der Teig braucht Zeit zum Ruhen.

*Wärme/Feuer* – auf rotem Tuch – möglicher Begleittext: Joh 8,12; Mt 5,14
Gedanken zu Feuer/Wärme: Notwendig zur Umwandlung – Bedrohung.
In der Mitte: *Ein Brot* – auf weißem Tuch – Begleittext: (Joh 6,35)

Nachdem die Kinder die einzelnen Elemente angeschaut und vielleicht auch probiert haben, wird die Geschichte: „Vom Traum des kleinen Weizenkorns" erzählt:

*(aus: P. Musall, Hg., Leben feiern. Religiöse Gemeinschaft mit Kindern, [Reihe 8–13], Burckhardthaus-Laetare, Offenbach 1992, S. 73; Foto: U. Walter)*

### Der Traum des kleinen Weizenkornes

Schaut mich an. Ein kleines Weizenkorn bin ich, klein und unscheinbar. Aber in mir steckt eine große Kraft, das spüre ich. Woher ich komme? Ich weiß es nicht genau. Aber ich ahne etwas: Da war ein anderes Korn, irgendwann einmal wurde es in die Erde gelegt. Vom Wasser und von der Wärme der Sonne geweckt, hat es sich entfaltet. Ist gereift unter der Glut der Sonne, gebleicht und gewaschen unter dem Regen. Vom Bauern geschnitten und gedroschen. Nun waren es viele Körner und eines davon bin ich. Das ist meine Geschichte. Das ist unser Lebenssinn.

Oder sollte noch etwas anderes möglich sein?

Ja, ich spüre es, aus mir kann noch etwas anderes werden. Etwas, bei dem meine Kraft anderen gut tut. Ich will nicht bei mir bleiben. Was ich mir vorgenommen habe ist schwer, darum werde ich mir andere Körner suchen, alleine schaffe ich es nicht. Meine kleine Kraft reicht dafür nicht aus.

Dazu muss ich sogar meine Hülle verlassen. Ich weiß, das klingt hart, aber um meine Kraft mit den Kräften der anderen zu vereinigen, muss es geschehen. Erst im gemahlenen Mehl kann diese Kraft Neues bewirken.

Aus vielen Körnern ist Mehl gemahlen worden. Damit es weiter geht, wird das Mehl mit Wasser vermengt. Ohne Wasser gibt es kein Leben. Wasser reinigt. Alles, was stört, wird ausgewaschen, Alles, was der Entfaltung meiner Kraft entgegensteht, wird fortgespült. Wasser verbindet. Mit Wasser vermengt werden wir zu einem Teig geformt. Die kräftigen Hände des Bäckers kneten den Teig. Geballte Kraft, so fühle ich mich als Teig.

Und dann geht es wieder einen Schritt weiter. Von Neuem werden wir vermengt. Mit flinker Hand wird Hefe und ein wenig Salz untergemischt. Im Dunkeln und im Warmen abgestellt, brauche ich dann Zeit. Nun spüre ich es ganz deutlich: Von außen ist eine andere Kraft dazugekommen. Es geschieht eine Verwandlung: Das Mehl aus vielen Körnern, mit Wasser gut gemischt, verbindet sich und neue Kräfte werden freigesetzt.

Ich wachse, wir wachsen über uns hinaus. Dabei sind wir uns unserer Stärke bewusst. Und dann ist da noch die Würze des Salzes, es kitzelt in der Nase. Wenn ihr es hören könntet, ihr würdet staunen. Lauter kleine Bläschen platzen. Das ist unser Lachen. Unsere Freude über die Kraft, die wir spüren: Unsere Kraft wird nie aufhören. Was immer auch aus uns wird, unsere Kraft wirkt ansteckend. Wo sie sich mitteilt, da ist Freude und Lachen, da werden Tränen abgewischt, Menschen finden zueinander ... Aber ich will euch erzählen, wie es weitergeht.

Zu großen Laiben geformt, kommt nun eine harte Probe auf uns zu. Das Licht der Sonne, das mich als Korn wachsen ließ, nun erfahre ich es in der Glut des Ofens. Die Flamme schlägt nach mir. Die Hitze verschlägt mir den Atem. Die Wärme geht mir durch und durch. Ich habe Angst, Todesangst. Ist alles vorbei, war alle Veränderung vergeblich?

Nein, eine letzte Verwandlung geschieht. Das Feuer brennt, aber es verbrennt mich nicht. Auch das hat seinen Sinn. Durch das Dunkle der Todesangst bin ich nun, wovon ich zu träumen gewagt habe: *Ein Brot*! Welch ein Reichtum und welch eine Hoffnung!

Doch: Wo das Brot allein bleibt, ist es nicht nütze. Erst als geteiltes Brot kann ich meine Kraft weitergeben. Welch ein Auftrag!

Als Brot bin ich ein Zeichen, Zeichen für Jesus Christus:

Jesus hat es so gesagt: Mein Leib, für euch gegeben. Durch die Nacht des Todes ist er gegangen, damit alle Menschen Leben haben, Leben in der Gemeinschaft mit Gott.

Jesus Christus – Brot des Lebens – und er lädt euch alle ein:

Kommt zu mir, nehmt und esset, schöpft aus der Kraft des Brotes. Hoffnungsbrot für eure Angst.

Vertrauensbrot für eure Zweifel.

Stärkungsbrot für eure Mutlosigkeit.

Friedensbrot für euren Streit.

Versöhnungsbrot für eure Gemeinschaft.

*(aus: P. Musall, Hg., Leben feiern. Religiöse Gemeinschaft mit Kindern, [Reihe 8–13], Burckhardthaus-Laetare, Offenbach 1992, S. 74f)*

**3. Szenisches Spiel**

„Danke für das Brot". – Das Spiel für sechs Personen variiert eine Erzählvorlage, in der der Adressat des Dankes immer neu gefunden werden muss: von der Verkäuferin über den Bäcker, den Müller, den Bauern richtet sich der Dank schließlich an Gott, der mit Regen, Sonne und Wind die Ernte gedeihen lässt (in: W. Eitel, Szenen spielen in Kindergottesdienst und Kindergruppe, Kösel, München 1995, S. 99–101).

---

### Weitere Lieder mit dem Brot-Motiv

– „Brich mit den Hungrigen dein Brot" (Schwerter Liederbuch Nr. 206)
– „Gott segne unser täglich Brot" (a.a.O. Nr. 253)
– „Gib, dass wir beim täglichen Brot" (a.a.O. Nr. 257)
– „Er ist das Brot" (Das Liederbuch zum Umhängen Nr. 23)
– „Fünf Brote und zwei Fische" (a.a.O. Nr. 24)
– „Jesus Brot, Jesus Wein" (a.a.O. Nr. 52).

Aus „Fünf Brote und zwei Fische. Kinderbeatmesse", tvd, Düsseldorf o.J., bieten sich zwei Lieder an:
– „Lied vom Bäckermeister"
– „Fünf Brote und zwei Fische", vgl. auch die gleichnamige Kassette.

„Vom Korn zum Brot" – Spiellied (R. Krenzer, Ich freu' mich, dass du da bist. Meine schönsten Lieder, Herder, Freiburg i.Br. 1989[3], Nr. 112 [s. auch Nr. 12])

# Literatur

## Brot als Symbol

S. u. H.K. Berg, Hg., ... und alle wurden satt. Vom Brot und anderen Lebens-Mitteln, (Biblische Texte verfremdet, H. 7), Calwer/Kösel, Stuttgart/München 1987

U. Früchtel, Mit der Bibel Symbole entdecken, Vandenhoeck & Ruprecht, Göttingen 1994[2], S. 485ff

H. Morgenroth, Den Brunnen aufschließen. Selbstentdeckungen mit biblischen Geschichten, Kösel, München 1993[3], S. 114ff

Mit Kindern Abendmahl feiern, (Materialheft 61), Beratungsstelle für Gestaltung, Frankfurt/M. 1991

Beim Deutschen Brotmuseum in Ulm kann eine Publikationsliste zum Thema „Brot" angefordert werden:

> Deutsches Brotmuseum
> Salzstadel
> 89073 Ulm
> Tel.: 07 31 / 6 99 55

Vgl. auch die Literatur in Religionsunterricht praktisch 4, S. 110.

## Sinnesübungen

R. Brunner, Hörst du die Stille? Hinführung zur Meditation mit Kindern, Kösel, München 2001, S. 57

G. u. R. Maschwitz, Stilleübungen mit Kindern. Ein Praxisbuch, Kösel, München 1998, S. 69ff

## Sachbücher und Bilder zum Thema „Brot"

Brot backen, (Reihe: Differix), Cornelsen, Berlin 1999

Vom Korn zum Mehl, (Reihe: Differix), Cornelsen, Berlin 1998

Gabi Kohlwagner, Unser Brot, (Reihe: Schau mal), Kinderbuchverlag, Luzern 1993[7]

H. Freudenberg/A. Pfeifer, Biblische Symbole erschließen, Vandenhoeck & Ruprecht, Göttingen 20000, S. 75ff (Brot als Symbol der ganzheitlichen Sättigung von Menschen)

H. Freudenberg, Hg., Freiarbeit mit Religionsunterricht praktisch, Bd. 2, S. 142ff (Brot kann man teilen

G. Schlesiger, Vom Korn zum Brot, Kopiervorlagen für einen handlungsorientierten und fächerverbindenden Sachunterricht in der Grundschule, Auer, Donauwörth 2000[6]

## Nur ein Stück Brot

Als der Arzt Professor Dr. Breitenbach gestorben war, gingen seine drei Söhne daran, das Erbe ihres Vaters getreu seinem letzten Willen unter sich zu verteilen. Da waren alte, noch handgeschnitzte Eichenmöbel, schwere Teppiche, kostbare Gemälde. Und dann war da noch eine Vitrine, ein schmaler, hoher Glasschrank mit vergoldeten Füßen und geschliffenen Scheiben. In diesem Schrank waren Erinnerungsstücke aufbewahrt. Behutsam wurde Stück um Stück herausgenommen. Als die Brüder das unterste Fach öffneten, stutzten sie. In grauem Seidenpapier eingewickelt, lag da ein ziemlich großes, hartes Stück. Was kam zum Vorschein? – Ein steinhart gewordenes halbes Brot!

Die alte Haushälterin erzählte den erstaunten Söhnen die Geschichte dieses Brotes: In der schweren Notzeit nach dem Ersten Weltkrieg (1914–1918) war der alte Herr einmal schwer krank gewesen. Zu der Erkrankung war ein allgemeiner Erschöpfungszustand getreten, so dass die behandelnden Ärzte etwas von kräftiger Nahrung murmelten und dann entmutigt die Achseln zuckten. Gerade in jener kritischen Zeit hatte ein Bekannter ein halbes Brot geschickt.

So sehr sich der Professor auch über diese Gabe freute, aß er sie doch nicht. Er wusste, dass im Nachbarhaus die Tochter des Lehrers krank war und Hunger litt. Er sagte damals: „Was liegt schon an mir altem Mann, das junge Leben dort braucht es nötiger", und so musste die Haushälterin das halbe Brot den Lehrersleuten bringen. Wie sich später herausstellte, hatte auch die Lehrersfrau das Brot nicht behalten wollen, sondern an eine alte Witwe weitergegeben, die in einer Dachkammer ein Notquartier gefunden hatte. Aber auch damit war die seltsame Reise des Brotes noch nicht zu Ende. Die Alte trug es zu ihrer Tochter, die nicht weit von ihr mit ihren beiden Kindern in einer Kellerwohnung Zuflucht gefunden hatte.

Diese Tochter wieder erinnerte sich daran, dass ein paar Häuser weiter der alte Arzt krank war, der eines ihrer Kinder kürzlich bei schwerer Krankheit behandelt hatte, ohne etwas dafür zu verlangen. Sie nahm das halbe Brot unter den Arm und ging damit zur Wohnung des Doktors.

Wir haben es sogleich wiedererkannt, schloss die Haushälterin. Als der Herr Professor das Stück Brot wieder in den Händen hielt und von dessen Wanderung hörte, war er tief bewegt und sagte: „Solange noch diese Liebe unter uns ist, habe ich keine Furcht um uns."

Das Brot hat er nicht gegessen. Vielmehr sagte er zu mir: „Wir wollen es gut aufheben, und wenn wir einmal kleinmütig werden wollen, dann müssen wir es anschauen."

Als die Haushälterin geendet hatte, schwiegen die drei Brüder lange Zeit. Endlich sagte der älteste: „Ich denke, wir sollten das Brot unter uns aufteilen. Jeder mag ein Stück davon aufbewahren zum Andenken an unseren Vater und zur Erinnerung an jene verborgene Kraft, die den Menschen auch in der bittersten Not nicht verlässt."

*(nach Günther Schulze-Wegner, in: Evangelische Kinderkirche, Heft 3/1982, S. 257f, Verlag Junge Gemeinde, Stuttgart, jetzt Leinfelden-Echterdingen)*

# 8 „... und sie fingen an, fröhlich zu sein" (Lk 15)

| Kurzinhalt | – Einstimmung mit Weg-Stationen-Bild<br>– Lied „Gott liebt diese Welt"<br>– Begrüßung<br>– Wir beschenken und verwandeln den Sohn<br>– Lied „Freund, tritt herein"<br>– Mahl<br>– Dank. |
|---|---|

**Thematisches Stichwort**   s. Religionsunterricht praktisch 2, S. 19–21.

**Biblischer Bezug**   Lk 15,11–32.

**Bezug zum Unterricht**   „Der verlorene Sohn: Fortgehen und heimkehren", in: Religionsunterricht praktisch 2, S. 19ff

Vgl. auch: „Verlorenes wird von Gott gesehen: Der gute Hirte", in: Religionsunterricht praktisch 1, S. 46ff.

**Adressaten**   2. Schuljahr.

**Zeitbedarf**   ca. 2 Stunden.

**Vorarbeiten**

**Wegbild (zur Wiederholung der Erzählung)**   *Anlage 1* stellt durch Symbole und Bilder Lukas 15 in sieben zentralen „Stationen" dar. Mit deren Hilfe sollen sich die Kinder noch einmal die Geschichte des verlorenen Sohnes vor Augen führen.

Die Motive der sieben Stationen sind:

Station 1:  Geldstücke
Station 2:  Wanderstab und geschnürtes Bündel
Station 3:  Becher, Flasche, Würfelbecher und Geld auf einem Tisch
Station 4:  Leere Taschen
Station 5:  Schweine und Trog
Station 6:  Sohn, auf dem Boden sitzend und in die Ferne schauend
Station 7:  Zu Hause: Vater umarmt Sohn, offene Haustür im Hintergrund.

L. schneidet die kopierten Kärtchen aus.

Für die spätere Anordnung der Stationen auf einem Wegbild ist nach dem Muster von *Anlage 2* ein Plakat im Format A–1 anzulegen.

Alternativ zu der hier vorgeschlagenen Form kann auch ein Schattenspiel oder ein „Tagebuch" als Mittel der Wiederholung dienen. Anregungen für ein Schattenspiel enthält: E. Schulz/J. Koerver, Ich spiel den Abraham – und du? Rhein. Verband für Kindergottesdienst, Clarenbachweg 2, 40724 Hilden, Hilden 1989, S. 102f.

| | |
|---|---|
| **Anfertigung einer Puppe** | Der heimgekehrte Sohn soll sichtbar bei dem Fest zugegen sein, das der Vater zu seinen Ehren gibt. Umsetzbar ist dieser Gedanke z.B. mit Hilfe einer Rondellen-Puppe (zur Herstellung s. Religionsunterricht praktisch 2, S. 21f).<br><br>Die Puppe wird in zwei unterschiedlichen Gestaltungsformen in das Geschehen einbezogen:<br><br>Gestalt 1: Der Sohn nimmt zunächst als zerlumpte, abgerissene, verschmutzte Gestalt an der Festtafel Platz.<br><br>Gestalt 2: Im Verlauf des Festes wird er mit Hilfe aller Festteilnehmer neu eingekleidet.<br>Als Requisiten für diesen Kleider- und Identitätswechsel werden benötigt:<br>– bunte Stoffstreifen<br>– Ring<br>– Hausschlüssel<br>– ggf. neue Perücke. |
| **Essen und Trinken** | Osterlamm (Sandteig) backen (lassen) – Milch/Kakao. |
| **Tischschmuck** | Blumen, Kerzen etc. |

---

# Gestaltungsvorschlag

| | |
|---|---|
| **Einstimmung** | L. mischt die Stations-Kärtchen. L. lässt die Symbole bzw. Bilder versprachlichen und ordnen. Schließlich werden diese geordnet auf das vorbereitete Plakat aufgeklebt (s.o.). |
| **Lied** | „Gott liebt diese Welt", in: Mein Liederbuch für heute und morgen, A 35. |
| **Überleitung** | L.: „Der Sohn ist heimgekehrt. Gott sei Dank! Er war wie tot. Nun ist er wie neugeboren. Mit ihm und für ihn wollen wir ein Fest feiern, ein Fest der Dankbarkeit, ein Fest des Lebens.<br>Ein Fest muss vorbereitet werden. Dazu gehören auch Tisch- und Raumschmuck, Essen und Trinken. Lasst uns mit dem Schmücken beginnen." |
| **Festvorbereitung** | Sch. bringen den Tischschmuck und decken besonders liebevoll den Ehrenplatz für den heimgekehrten Sohn. Sie tragen Essen und Trinken auf. Alle nehmen Platz, auch der Sohn in der Gestalt 1. |
| **Begrüßung** | des Sohnes und der Gäste. Vater heißt die Festgäste und vor allem noch einmal den zurückgekehrten Sohn willkommen. |

Er regt an, als Zeichen sichtbarer Freude über dessen Heimkehr den Sohn neu einzukleiden und mit Symbolen (der Sohnschaft) auszustatten.

**Wir beschenken den Sohn**

Nach und nach treten die Festgäste zu dem Sohn und überdecken dessen schmutziges Gewand mit den bunten Stoffstreifen. Mutige Sch. verbinden diese Aktion vielleicht mit guten Wünschen für den Heimkehrer (z.B. „Ich wünsche dir zuverlässige Freunde" – „... Zufriedenheit" – „... Wärme" – „... ein Dach über dem Kopf" – „... Menschen, deren Sprache du verstehst").

Andere Sch. kämmen die Haare der Puppe bzw. setzen ihr eine neue Perücke auf, wieder andere stecken ihr den Ring an und händigen ihr den Hausschlüssel aus.

So verändert der „Verlorene Sohn" nach und nach seinen Habitus – Figur 1 wandelt sich sichtbar in Figur 2, aus dem Bettelkleid ist ein Festkleid geworden.

**Lied**

Text: Rolf Krenzer
Musik: Detlef Jöcker

Ja, so soll das Festmahl sein

1. Mein Freund tritt herein. Wir laden dich ein. Der Tisch ist gedeckt für das Fest. Mein Freund, komm zu Tisch. Wir warten auf dich. Der Herr sagt uns: Trinkt und esst. Ja, so soll das Festmahl sein. Christus lädt selbst uns ein. In Gottes Namen, sind wir zu- sammen. Von Gott ge-funden mit ihm ver-bun - den. Keiner ist mehr al- lein. So soll das Festmahl sein. 2. Wer

2. Wer Hunger jetzt hat,
der wird heute satt.
Der Herr lädt uns selber zu Tisch.
Wer durstig jetzt ist,
wird von ihm begrüßt.
Er wartet auf dich und auf mich.
Ja, so soll das Festmahl sein ...

4. Wir sind uns so nah
und jeder sagt ja
zum Leben, zur Freude, zum Fest.
Froh klingt unser Lied,
und jeder singt mit,
weil Gott uns zum Fest laden lässt.
So soll das Festmahl sein ...

3. Wen Kummer verdrießt,
wer traurig heut ist,
der darf zu dem Fest heute gehn.
Wer noch so allein,
wird einsam nicht sein,
Gott selber wird neben ihm stehn.
So soll das Festmahl sein ...

*(aus: „Und sie fingen an, fröhlich zu sein", alle Rechte im Menschenkinder Verlag, 48157 Münster)*

**Mahl**

Das Lamm wird angeschnitten und herumgereicht. Helfer/innen gießen Milch bzw. Kakao ein.

Während des Mahls kann ggf. fröhliche Musik von der Kassette eingespielt werden.

**Dank**          Alle singen 1. Teil des Kanons nach Ps 106,18 „Danket, danket dem Herrn"
                  (in: Schwerter Liederbuch, Nr. 235).

*Sprecher 1:*     „Du kennst unsere Wege. Du bist bei uns.
                  Nie lässt du uns allein.
                  Du bist uns nahe, wenn wir allein sind.
                  Du bist da, wenn es dunkel ist."

*Alle:*           „Danket, danket dem Herrn."

*Sprecher 2:*     „Auch wenn wir dich vergessen,
                  bleibst du in unserer Nähe.
                  Du wartest auf uns,
                  wie der Vater
                  auf den heimkehrenden Sohn wartet.
                  Du freust dich über jeden,
                  der zu dir zurückfindet."

*Alle:*           „Danket, danket dem Herrn."

*Sprecher 3:*     „Du lässt uns groß werden
                  und eigene Wege gehen.
                  Wenn wir dabei Fehler machen,
                  bist du mit uns großzügig."

*Alle:*           „Danket, danket dem Herrn."

*Sprecher 4:*     „Du lädst uns zu deinem Fest ein.
                  Für viele ist Platz an deinem Tisch.
                  Du lädst auch die ein,
                  die wir nicht mögen."

*Alle:*           „Danket, danket dem Herrn."

                                                        *H.F.*

_____

### Weitere Lieder zum Thema

– „Halte zu mir, guter Gott", in: Schwerter Liederbuch, Nr. 249
– „Der Verlorene Sohn". Singspiel. Schallplatte, Bezugsmöglichkeit der
  Schallplatte, der Text- und Notenblätter: Ev. Pfarramt, Kelterstr. 19, 73733
  Esslingen
– „Und sie fingen an, fröhlich zu sein." Ein Hör- und Singspiel (R. Krenzer/L.
  u. D. Jöcker), Kassette mit Werkheft, Menschenkinder Musik Verlag, An der
  Kleimannbrücke 97, 48157 Münster
– Kommt, ihr Freunde, laßt uns prassen", in: G. Watkinson, Hg., 111 Kinder-
  lieder zur Bibel, Christophorus/Kaufmann, Freiburg/Lahr 1971[4], S. 49

Vgl. auch Religionsunterricht praktisch 2, S. 33, 36.

_____

## Varianten und Ergänzungen

**Tonarbeiten**

Sch. fertigen Figuren aus Lk 15 (Personen und Tiere) in Ton und vervollständigen das Ensemble durch einfache Kulissen (Stationen am Weg bzw. am Rande des Weges). Sie denken sich kurze Spiel- und Sprechszenen aus. Erzählperspektive: 1. Person (Der Sohn erinnert sich).

**Einen Türrahmen mit biblischen Motiven schmücken**

Sch. haben in der der Feier vorausgehenden Stunde Bibelverse, die zum Thema passen (z.B. Mt 7,7b; Joh 10,2.7; Hi 31,32; Ps 78,23; Jes 26,2.45,1 etc. – s. Konkordanz unter „auftun", „Tür", „öffnen"), ausgewählt und auf eine stilisierte Tür (s. *Anlage 3*) geschrieben. Sie tauschen die fertigen „Türen" untereinander aus. Zu Beginn der Feier heften die Sch. die beschriebenen „Türen" an einen Türrahmen (aus Dachlatten anzufertigen). Danach betreten alle durch den geschmückten Rahmen den Klassenraum.

**Anlage 1**

**Anlage 2**

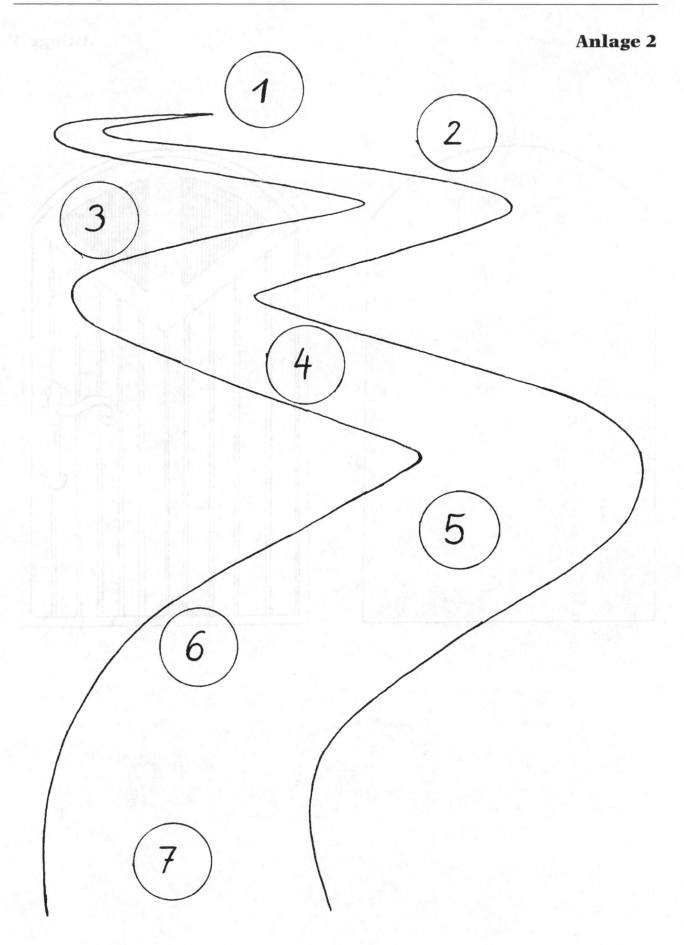

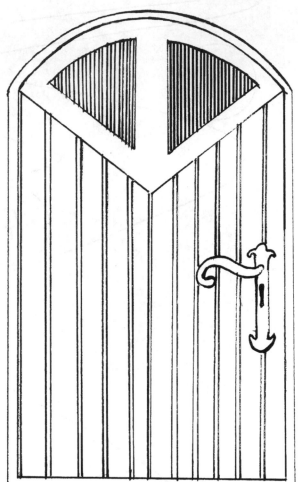

# Licht-Fest

**Kurzinhalt**

> – Dunkelheit erspüren
> – Licht wahrnehmen
> – Kanon „Mache dich auf und werde Licht"
> – Die Ausbreitung von Licht malen
> – Mahl
> – Lied „Tragt in die Welt nun ein Licht".

**Thematisches Stichwort**

Licht spielt in unserem Leben eine zentrale Rolle von dem Zeitpunkt an, wo wir „das Licht der Welt erblicken", bis zu dem Moment, wo „unser Lebenslicht erlischt". Wenn uns etwas klar wird, „geht uns ein Licht auf", Unklares versuchen wir zu „lichten", zu „erhellen" oder „Licht ins Dunkel zu bringen".

Licht weckt Aktivität und belebt, bringt Farben zum Leuchten, fördert Wachstum.

Licht weist den Weg und bewahrt vor Unfällen; es bietet Sicherheit, nimmt die Angst vor der Dunkelheit und bringt Verborgenes zutage.

Licht ist Uranfang und Grundlage allen Lebens: „Und Gott sprach: Es werde Licht! Und es ward Licht. Und Gott sah, dass es gut war" (Gen 1,3f).

Die Abfolge von Licht und Dunkel, von Tag und Nacht, von Aktivität und Passivität (vgl. Gen 1,4f) begründet einen Lebensrhythmus, der für Menschen, Tiere und Pflanzen konstitutiv ist.

Die grundlegende Bedeutung des Lichts spiegelt sich auch in Mythen und Märchen und in der Welt der Religionen als Suchbewegungen nach den Quellen des Lichts. – Licht und Sonne stehen folglich als Manifestationen des Göttlichen im Zentrum vieler altorientalischer und fernöstlicher Kulte, z.B. Babylonien, Persien (Mithras), Ägypten (Sonnenbarke, Aton-Sonnenkult), Griechenland (Sonnengott Helios), Rom (Jupiter), Hinduismus (Atman in Gestalt von Krishna, dem Herrn des Lichts) etc.

Auch im biblischen Kontext ist „Licht" ein bedeutsames Schlüsselwort: „Licht" ist nicht nur das erste, grundlegende Schöpfungswerk (Gen 1,3), das zudem mit dem Prädikat „gut" ausgezeichnet wird. „Licht" ist Attribut des Göttlichen (Ps 27,1; 104,2; Hi 38,19; 1 Joh 1,5; 1 Tim 6,16; Offb 21,23; 22,5 u.ö.).

„Licht" ist Synonym für Gottes Wort und Weisung (Ps 119,105; Jes 51,4), für Hoffnung (Jes 60,1; Mt 4,16; Joh 1,5), für Glück und Wohlergehen (Ps 18,29; 43,3; Spr 13,9; Hi 3,20; 18,5f).

In Jesus sieht der greise Simeon das „Licht, zu erleuchten die Heiden" (Lk 2,32). Jesus selbst bestätigt diese Apostrophierung, wenn er erklärt: „Ich bin das Licht der Welt. Wer mir nachfolgt, der wird nicht wandeln in der Finsternis, sondern wird das Licht des Lebens haben" (Joh 8,12; vgl. 9,5 und 1,5.9 und Jes 49,6).

Aus dem Lichtsein Jesu leitet sich die Einladung an die Gemeinde ab, ihrerseits „Licht der Welt" zu sein und „das Licht vor den Leuten" leuchten zu lassen (Mt 5,14.16).

Vgl. zum Stichwort auch: Religionsunterricht praktisch 1, S. 80f.

**Biblischer Bezug**     „Gott sprach: Es werde Licht ..." (Gen 1,3)
„Der Herr ist mein Licht und mein Heil ..." (Ps 27,1)
„Dein Wort ist meines Fußes Leuchte und ein Licht auf meinem Wege" (Ps 119,105)
„Das Volk, das im Finstern wandelt, sieht ein großes Licht und über denen, die da wohnen im finstern Lande, scheint es hell" (Jes 9,1)
„Ich bin das Licht der Welt. Wer mir nachfolgt, ... wird das Licht des Lebens haben" (Joh 8,12)
„Das Licht scheint in der Finsternis" (Joh 1,5)
„Ihr seid das Licht der Welt" (Mt 5,14)

Vgl. auch die dem Symbol „Licht" korrespondierenden Motive
– Blindenheilung (Mk 10,46ff parr. u.ö.)
– Christi Geburt (Lk 2; Joh 1; 1. Joh 1)
– Ostern/Auferstehung (Mt 28 parr.).

**Bezug zum**          *Hauptbezug:*   „Weihnachten: Licht in der Dunkelheit", in: Religionsunter-
**Unterricht**                          richt praktisch 1, S. 80ff.
                       *Nebenbezüge:*  „Bartimäus", a.a.O., S. 29
                                       „Von Menschen, die sehen gelernt haben", a.a.O., S. 63ff
                                       „St. Martin", a.a.O., S. 55.58.61ff
                                       „Helen Keller", in: Religionsunterricht praktisch 2, S. 166ff. 174ff
                                       „Ostern: Mit den Jüngern unterwegs – Ostern entdecken", a.a.O., S. 135ff, vgl. auch Bd. 4, S. 120ff
                                       „Weihnachten: '... und wohnte unter uns'", in: Religionsunterricht praktisch 3, S. 58ff.

**Vorarbeiten**         Vorzubereiten bzw. zu besorgen sind:
– Mittelgroße Kerze
– Teelichter in Zahl der Sch.
– Kreisflächen auf Packpapier aufmalen und ausschneiden
– Pastellkreiden o.ä.
– Gebäck/Milch/Kakao.

## Gestaltungsvorschlag

**Dunkelheit**         L. hat vor Beginn der Stunde den Raum so weit wie möglich abgedunkelt. Sch.
**erspüren**           betreten den Raum, stellen sich auf die Dunkelheit ein, bewegen sich behut-
                       sam und suchen einen Platz auf dem Boden (Sitzkreis im weiten Rund). Mögli-
                       che Ängste sensibler Kinder beachten!
                       Sch. lassen die Dunkelheit eine Weile auf sich wirken und verbalisieren
                       dann, was sie spüren, wie sie sich fühlen (vgl. Religionsunterricht praktisch 1, S. 83).

**Licht wahrnehmen**   Während die Sch. ihre Augen noch geschlossen halten, entzündet L. eine mittelgroße Kerze und stellt sie auf die innerste der vorbereiteten Kreisflächen.

Sch. öffnen nach einem Glockenton o.ä. ihre Augen. Sie lassen die Veränderung auf sich wirken und beschreiben anschließend ihre Empfindungen und Beobachtungen. Sie werden, ggf. mit Impulsen des/der L's, die Lichtabstufungen im Raum, ausgehend von der Kerze im Zentrum, benennen.

**Kanon**   „Mache dich auf und werde Licht!" (in: Schwerter Liederbuch, Nr. 118)

Vgl. dazu auch die Tanzbeschreibung in: E. Bihler, Symbole des Lebens – Symbole des Glaubens (s. Literaturhinweise), S. 32.

**Die Ausbreitung von Licht malen**   Folgende Idee soll zusammen mit den Kindern umgesetzt werden:

Das Phänomen des sich ausbreitenden Lichts mit den Abstufungen von hell (Mitte) zu dunkel (Rand) soll in einem kreativen Prozeß in einer Gemeinschaftsarbeit nachvollzogen werden. Dazu hat L. konzentrische Kreise auf Packpapier gemalt (s.u.) und ausgeschnitten.

Sch. erhalten gruppenweise ihre Segmente und malen sie nach Maßgabe der/des L. mit Pastellkreiden o.ä. aus.

Es werden im folgenden acht Kreise zugrunde gelegt, die, von innen nach außen größer und dunkler werdend, Abstufungen der Grundfarbe Gelb erhalten. Je fester die Kinder aufdrücken, um so dunkler werden die Farben. Ggf. können bei den Kreisen 6–8 Schwarztöne beigemischt werden („Abschattung").

Wer mit Wasser- oder Abtönfarben arbeitet, kann sich an folgendem Schema orientieren:

Kreis 1:    (= Unterlage der Kerze) Weiß mit einer Spur gelb
Kreis 2:    Weiß und Gelb zu gleichen Teilen
Kreis 3:    Weiß und Gelb im Verhältnis 1:3
Kreis 4:    Rein Gelb
Kreis 5:    Gelb und eine Spur Schwarz
Kreis 6–8:  Die Schwarz-Anteile werden sukzessive erhöht, bis sie im 8. Kreis ihr Maximum erreicht haben, die Farbe Gelb ihre intensivste Leuchtkraft erreicht hat.

Bei kleineren Gruppen älterer Sch. kann ggf. auf das Ausschneiden der Kreise verzichtet werden und die Bearbeitung auf der ungeteilten Kreisfläche erfolgen. Die einzelnen Kreise mit schwarzem Filzstift oder Feinliner voneinander absetzen.

Wer mehr Zeit zur Verfügung hat, kann auch mit Dispersionsfarben arbeiten, die er u.U. auf grundierten Nessel (Grundierung auf Caparol-Binder) auftragen lässt.

Wer weniger Zeit investieren kann oder will, arbeitet die Kreise um die Kerze mit dicker, farblich abgestufter Wolle aus.

Sch. betrachten das fertige Kunstwerk und formulieren ihre Beobachtungen und Assoziationen.

L. legt um das fertige Bild mit der brennenden Kerze im Zentrum ein vorbereitetes Plakat „Jesus Christus – Licht der Welt". – Sch. deuten den Sinngehalt dieser Aussage. – Spektrum: Weihnachten – Bartimäus und andere Menschen, denen Jesus „Licht" bringt. – Menschen, die für andere in der Nachfolge Christi zu „Lichtträgern" geworden sind ...

**Mahl**

Während des einfachen Mahls (z.B. Gebäck und Milch/Kakao) liest L. das folgende philippinische Märchen von der „Halle des Lichts" vor:

Auf den Philippinen erzählen sich die Leute folgende Geschichte: Ein König hatte zwei Söhne. Als er alt wurde, da wollte er einen der beiden zu seinem Nachfolger bestellen. Er versammelte die Weisen seines Landes und rief seine beiden Söhne herbei. Er gab jedem der beiden fünf Silberstücke und sagte: „Ihr sollt für dieses Geld die Halle in unserem Schloß bis zum Abend füllen. Womit, das ist eure Sache." Und die Weisen nickten und sprachen: „Das ist eine gute Aufgabe."

Der älteste Sohn ging davon und kam an einem Feld vorbei, wo die Arbeiter dabei waren, das Zuckerrohr zu ernten und in einer Mühle auszupressen. Das ausgepresste Zuckerrohr lag nutzlos umher. – Er dachte sich: „Das ist eine gute Gelegenheit, mit diesem nutzlosen Zeug die Halle meines Vaters zu füllen." – Mit dem Aufseher der Arbeiter wurde er einig, und sie schafften bis zum späten Nachmittag das ausgedroschene Zuckerrohr in die Halle. Als sie aufgefüllt war, ging er zu seinem Vater und sagte: „Ich habe deine Aufgabe erfüllt. Auf meinen Bruder brauchst du nicht mehr zu warten. Mach mich zu deinem Nachfolger." Der Vater antwortete: „Es ist noch nicht Abend. Ich werde warten."

Bald darauf kam auch der jüngste Sohn. Er bat darum, das ausgedroschene Zuckerrohr wieder aus der Halle zu entfernen. So geschah es. Dann stellte er mitten in die Halle eine Kerze und zündete sie an. Ihr Schein füllte die Halle bis in die letzte Ecke hinein.

Der Vater sagte: „Du sollst mein Nachfolger sein. Dein Bruder hat fünf Silberstücke ausgegeben, um die Halle mit nutzlosem Zeug zu füllen. Du hast nicht einmal ein Silberstück gebraucht und hast sie mit Licht erfüllt. Du hast sie mit dem gefüllt, was die Menschen brauchen."

*(Philippinisches Volksgut, zit. nach: J. Gauer, Hoffnung ist wie ein Baum, der blüht. Schulgottesdienste für die Sekundarstufe I, Patmos, Düsseldorf 1987, S. 137)*

**Lied**  „Tragt in die Welt nun ein Licht" (Schwerter Liederbuch, Nr. 112)

Die Sch. bewegen sich mit brennenden Kerzen im Raum. Auf ein Signal des/ der L. hin oder jeweils am Ende einer Strophe bleiben sie ruhig stehen. Ggf. geben die Kinder die Kerze an andere Sch. weiter. – Zum Schluss bilden die Sch. einen Kreis, wiederholen noch einmal die 1. Strophe und stellen schließlich die Kerzen vor sich ab.

### Weitere Licht-Lieder

- „Gottes Wort ist wie ein Licht in der Nacht", in: Schwerter Liederbuch, Nr. 40
- „Wenn unsere Kerze brennt", a.a.O., Nr. 115
- „Uns ist ein Licht aufgegangen", a.a.O., Nr. 129
- „Ich will Licht sehn in der Dunkelheit", a.a.O., Nr. 266
- „Leuchten wieder Kerzen, bricht das Licht herein" (R. Krenzer, Ich freu' mich, dass du da bist. Meine schönsten Lieder, Herder, Freiburg i.Br. 1989[3], Nr. 148)

Aus Kassette und Begleitheft „Licht auf meinem Weg", Menschenkinder Musikverlag, Münster 1986:
- „Ein Licht geht uns auf" (Licht der Liebe)
- „Licht auf meinem Weg"
- „Mir ist ein Licht aufgegangen"
- „Gäbe es kein Licht"

---

### Varianten und Ergänzungen

**Biblische Licht-worte**  Sch. wählen aus einer Zusammenstellung biblischer Lichtworte je ein Beispiel aus (s.o.), das sie in Partnerarbeit auf einen Pappstreifen übertragen.

Nach und nach treten die Sch. in die Mitte, zünden an der Mittelkerze ein Teelicht an, lesen ihr Lichtwort vor und legen es dann um das Kreisbild (s.o.). Das Teelicht stellen sie dazu.

**Lichterpolonaise**  Beschreibung: s. W. Longardt, 2 x 12 experimentelle Andachten, Gütersloher Verlagshaus Gerd Mohn, Gütersloh 1974, S. 104ff.

**Sprechszene**  „Ihr seid das Licht der Welt", ein Spiel um vier Kerzen, die symbolisch für „Freude", „Hoffnung", „Frieden" und „Liebe" stehen. In: S. Berg, Arbeitsbuch Weihnachten für Schule und Gemeinde, Calwer/Kösel, Stuttgart/München 1988, S. 140ff.

**Leuchtendes Städtchen**  W. Gerts regt an, nach einem vorgegebenen Grundriss aus Kartonpapier und farbigem Transparentpapier Häuser zu basteln (Grundriß 12 cm x 4, 17 cm hoch) und mit Hilfe von Teelichtern zu einem „leuchtenden Städtchen" zusammenzustellen.

*(Doris Westheuser, Illustration „Leuchtendes Städtchen". Entn. aus: Religion-spielen und erzählen, Band 1, Gütersloher Verlagshaus, Gütersloh 1992, S. 152f)*

**Tanz mit selbst gebastelten Laternen**

Sch. fertigen Laternen an (s. Religionsunterricht praktisch 1, S. 78).

Dazu schlägt E. Bihler zu dem Andante aus: A. Vivaldi, Gitarrenkonzert D-Dur, folgenden Tanz vor:

„Alle tragen selbst gebastelte Laternen an Stäben in der rechten Hand. Die Tänzer stehen auf der Kreisbahn (paarweise zugeordnet, nebeneinander).

– Zur Musik bewegen alle ihre Laternen aufwärts, abwärts.
– Sie drehen sich um sich selber.
– Sie gehen zur Mitte, heben die Laternen und gehen wieder zurück.
– Sie geben sich paarweise die linke Hand, heben und senken die Laternen und drehen sich so als Paar.
– Sie schreiten paarweise im Kreis. Der/die innere Tänzer/in nimmt die Laterne jetzt in die linke Hand.
– Diese Abfolge wiederholt sich."

*(Quelle unbekannt)*

**Transparentbilder herstellen**

*Materialien:* Architektenpapier – Filzstifte – Feinliner

Sch. übertragen ihr Motiv zunächst mit Bleistift auf das Architektenpapier und zeichnen es später mit Filzstift (schwarz) bzw. Feinliner nach. Die Felder werden mit den Filzstiften bunt ausgemalt. Die fertigen Transparentbilder entfalten vor einer Lichtquelle (Kerze, Lampe) oder am Fenster ihre volle Leuchtkraft.

# Literatur

A. Bischof, Dunkel – Licht. Anregungen für den Unterrichtenden auf der Unterstufe, in: RL 1980/3, S. 5ff

R. Dreier, Mit Erstklässlern Transparente herstellen, a.a.O., S. 10

E. Bihler, Symbole des Lebens – Symbole des Glaubens. Werkbuch für Religionsunterricht und Katechese. Bd. 1, Lahn, Limburg 1998[3], S. 11ff

U. Früchtel, Mit der Bibel Symbole entdecken, Vandenhoeck & Ruprecht, Göttingen 1994[2], S. 42ff

H. Halbfas, Religionsunterricht in der Grundschule. Lehrerhandbuch 1, Patmos, Düsseldorf 1998[3], S. 263 („Symbol: Licht")

„Licht", in: Bausteine Altenarbeit 2/95, S. 5ff

M.-B. von Stritzky, Art. „Licht-Symbolik, Licht-Mystik", in: EKL, Bd. 3, Vandenhoeck & Ruprecht, Göttingen 1992, Sp. 107–109

Vgl. auch die Literatur- und Medienangaben in: Religionsunterricht praktisch 1, S. 82, 98f.

# 10 Himmlische Düfte –
# Ein Fest um biblische Duftstoffe und Heilkräuter

**Kurzinhalt**

- Übungen zur Sensibilisierung des Geruchssinns
- Meditative Duftwahrnehmung: Weihrauch
- Duft-Fantasiereise
- Weihrauch in biblischer Zeit und heute.

**Thematisches Stichwort**

„Himmlische Düfte" lassen an kostbare Duftstoffe und seltene Essenzen denken, an Betören und Genießen, an Hölzer und Harze, die den weniger duftenden Alltag überdecken, umhüllen, verwandeln. „Himmlische Düfte" sind Sendboten aus einer anderen, besseren Welt. Wer schon nicht den Himmel erstürmen kann, will wenigstens an seinen „Düften" teilhaben.

Bestimmte Düfte haben Menschen schon immer als angenehm empfunden. In der Frühzeit erfreuten sie sich an dem, was sie in der Natur an Wohlgerüchen vorfanden: an Wildblumen, Kräutern, aromatischen Hölzern.

Das bis dahin eher Zufällige sollte berechenbar und planbar werden. Spätestens seit dem 4. Jahrtausend v. Chr. entwickelten Menschen Techniken zur gezielten Zubereitung duftender Substanzen und zur Intensivierung der Düfte.

Diese durch Erhitzen, Auspressen, Pulverisieren gewonnenen Aromastoffe dienten jedoch nicht primär dem eigenen Wohlbefinden, sondern dem der Götter. Wahrhaft „himmlische Düfte", in Tempeln und auf Altären dargebracht, begleiteten Gebete und Wünsche, Opferungen und religiöse Zeremonien. Umgekehrt galten, z.B. im Judentum, Duft und Wohlgeruch als Zeichen der Nähe Gottes.

Von den Düften der Rauchopfer ging freilich auch eine die Menschen belebende, aufrichtende, Körper und Seele „heilende" Wirkung aus, Grund genug, der *medizinischen* Bedeutung der Räucherharze und ölhaltigen Substanzen gezielter nachzuspüren. Oft waren die das Opfer vollziehenden Priesterinnen und Priester zugleich auch Heilkundige!

Schon 3000 v. Chr. kultivierten *Assyrer* und *Sumerer* wohlriechende Pflanzen. Aus ihnen stellten sie Duftwässer, wohlriechendes Räucherwerk und Kosmetika her. Die Gärten an den Hängen *Babylons* waren für ihren starken Blütenduft berühmt. Sänger und Dichter priesen die Düfte und ihre sinnliche Wirkung.

Ein Papyrus nennt mehrere Dutzend aromatische Kräuter, die bei der Herstellung der Parfüms Verwendung fanden, darunter: Safran, Weihrauch, Myrrhe, Narde, Lilie, Jasmin, Rose, Opoponax, Zedernholz, Balsamholz und Zimt.

Ägypten wurde in der Antike zu *dem* Duftland schlechthin. Im sakralen wie im profanen Bereich wurden aromatische Harze, Salzen und Öle zu besonders geschätzten Bestandteilen des öffentlichen Lebens:

Priester opferten dreimal am Tag Duftsubstanzen, Könige und Hofdamen parfümierten sich mit dem feinen Räucherwerk. Bei Festen wurden die Gäste mit aromatischem Wasser erfrischt, die vornehmen Toten aufwendig für die Reise ins Totenreich einbalsamiert.

Durch seine geographische Lage zwischen Ägypten, Mesopotamien und Arabien entwickelte sich auch in *Israel-Palästina* eine beachtliche Parfüm-Tradition, besonders im religiös-kultischen Bereich. Immer wieder rühmen biblische Sänger den Wohlgeruch von Pflanzen und Gewürzen.

Besonders das „Hohelied" schwelgt in Duftorgien:

„Wie schön ist deine Liebe ... Der Geruch deiner Salben übertrifft alle Gewürze ... Du bist gewachsen wie ein Lustgarten von Granatäpfeln mit edlen Früchten, Zypernblumen mit Narden, Narde und Safran, Kalmus und Zimt, mit allerlei Weihrauchsträuchern, Myrrhe und Aloe, mit allen feinen Gewürzen ... Steh auf, Nordwind, und komm, Südwind, und wehe durch meinen Garten, dass der Duft seiner Gewürze ströme" (Lutherbibel, revidierter Text 1984, mit Genehmigung der Deutschen Bibelgesellschaft, Stuttgart, 4,10ff).

In Bethanien salbte eine Frau das Haupt Jesu „mit unverfälschtem und kostbarem Nardenöl" (14,3) und nimmt damit schon die Salbung des Leichnams Jesu „mit wohlriechenden Ölen" (16,1) vorweg.

Die Königin von Saba bringt König Salomon (um 1000 v. Chr.) als Gastgeschenk neben Gold und Edelsteinen „sehr viel Spezerei" mit (1. Kön 10,2.10; Spezerei = Gewürze verschiedener Art zur Bereitung von Salben, Räucherwerk und Arzneien).

Salomo, der weise König, liebte die Wohlgerüche besonders: „Bei Prozessionen ließ er in weiße Tuniken gekleidete junge Männer vorangehen, die Begleiter und Umstehende mit Parfüm besprühten, andere trugen Räucherpfannen mit brennenden, duftenden Hölzern, wieder andere hatten ihr Haar mit Goldstaub bedeckt, so dass es in der Sonne leuchtete. Diese Gepflogenheiten waren assyrischen Ursprungs, während der Brauch, einen Gast mit kostbaren Ölen zu salben, von den Ägyptern stammte" (P. Rovesti/S. Fischer-Rizzi, Hg., Auf der Suche nach den verlorenen Düften. Eine aromatische Kulturgeschichte, Heinrich Hugendubel Verlag, München 1995, S. 208).

Viele Duftstoffe, Heilmittel und Gewürze, die die Bibel erwähnt, wuchsen und wachsen im Heiligen Land, z.B. gefleckter Schierling, Rhyzinus, chinesischer Zimt, Lorbeer, Olive, wilder Kürbis, Ysop, Kaper, Knoblauch, Kreuzkümmel und Krokus, Malve, Myrrhe, Balsam, Lorbeer, Myrte, Tragant, Storax, Ingwergras (nach M. Zohary, Pflanzen der Bibel, Stuttgart 1983, S. 182).

Andere Kosmetik- und Duftartikel, Räucherwaren und Gewürze, Kräuter und Arzneien mussten importiert werden:

Weihrauch kam aus dem südlichen Arabien, aus Ostafrika (dem heutigen Somalia) und aus Indien. Myrrhe lieferte das Königreich Saba (der heutige Jemen), Zimt kam aus Indien, Narde aus dem Himalaja und duftendes Zedernholz aus dem Libanon.

Über die „Gewürzstraße" brachten Kamelkarawanen die begehrten Räucherstoffe, Gewürze und Arzneien nach Israel. Von hier wurden sie in die Handelszentren Ägyptens und Mesopotamiens weitergeleitet.

**Biblischer Bezug**   Zu den bekanntesten biblischen Duftstoffen gehören:

- Weihrauch        Ex 30,34f/Jes 60,6/Mt 2,11 u.ö.
- Myrrhe           Ex 30,23–25/Mt 2,11/Mk 15,23/Joh 19,39
- Balsam           Gen 37,25/43,11/Ps 141,5
- Narde (Lavendelöl) Mk 14,3, vgl. Joh 12,3.

Vgl. im Übrigen: Thematisches Stichwort und Alternativen und Ergänzungen.

**Bezug zum Unterricht**   Die deutlichsten unterrichtlichen Zusammenhänge ergeben sich von den Themen Weihnachten, Passion-Ostern und Josefsgeschichte. Aber auch über das Thema „Könige" (> Salbung) lässt sich eine Verbindung herstellen.

| | | |
|---|---|---|
| *Weihnachten:* | Teilaspekte: | – Düfte, die auf Weihnachten einstimmen |
| | | – Weihrauch und Myrrhe, die Geschenke der „Weisen" (Mt 2,11) |
| *Passion-Ostern:* | Teilaspekte: | – Die Salbung Jesu in Bethanien (Mt 26,6ff parr.) |
| | | – Frauen wollen den Leichnam Jesu salben (Mt 28,1ff parr.) |
| *Josef:* | Teilaspekte: | – Mit einer Gewürzkarawane gelangt Josef nach Ägypten (Gen 37,25) |
| | | – Gewürze als Gastgeschenk Jakobs (Gen 43,11) |
| *Königszeit:* | Teilaspekt: | Salbung (s. Religionsunterricht praktisch 3, S. 106f, 117). |

**Adressaten**   Klassen 3–4.

**Vorarbeiten**   Bereitzustellen sind:
– Tuch, Blumengesteck o.ä. für die gestaltete Mitte
– Weihrauchkörner und/oder Myrrhe, Räucherkohle, Räuchergefäß. 100 g Weihrauchkörner kosten in der Apotheke ca. EUR 2,20, 100 g Myrrhe ca. EUR 5,10, Duftläden bieten auch kleinere Füllmengen an. Räucherkohle (1 Rolle, 10 Stück) kostet ca. EUR 4,15. Wegen der Wirkung (Aufsteigen des Rauches etc.) sind Körner unbedingt dem Öl vorzuziehen.

Die Sch. sollten bereits über einige Erfahrungen mit Fantasiereisen verfügen.

**Zeitbedarf**   Etwa 1 Unterrichtsstunde.

---

# Gestaltungsvorschlag

**Einstimmung**   Sch. setzen sich um die gestaltete Mitte (s.o.). Sie kommen zur Ruhe und lassen sich durch eine Atemübung (s. S. 64) auf das Kommende einstimmen.

**Sensibilisierung des Geruchssinns**   Sch. schließen die Augen. Sie werden gebeten, beim Ein- und Ausatmen besonders auf die Bewegung der Nasenflügel zu achten. Dazu berühren sie ganz behutsam die Nasenflügel mit ihren Zeigefingern.

Gespräch über Riechen und Gerüche (z.B. Frühlingsdüfte, frisches Heu, die Luft nach einem Gewitter, Blumen, Kräuter, eine frisch geschälte Apfelsine, Tannenzweig, angenehme/unangenehme Gerüche ...).

**Meditative Duft-
wahrnehmung**

Sch. schließen die Augen.
   L. entzündet Weihrauchkörner/Öllämpchen.
   Sch. beschreiben (mit weiterhin geschlossenen Augen) den Duft des Weih-
rauchs.

L. lädt zu einer Fantasie-Duftreise (im Sinne der gelenkten Fantasie) ein. (Auch
hierbei ist das Schließen der Augen unabdingbar.)

„Setz dich ganz bequem hin und schließe deine Augen.
Du bist ganz ruhig und entspannt.

Dein Atem kommt und geht.
Er kommt und geht – ganz von selbst ...

Du bist ruhig, ganz ruhig und entspannt ...

Lass dich in Gedanken auf eine Reise mitnehmen.
Der Duft des Weihrauchs wird dich und mich
auf unserer Reise begleiten.

Mein Duft will mir und dir zeigen, woher er kommt.

Mein Duft trägt mich fort von (Name des Schulortes einsetzen),
fort aus der Schule,
fort von den Häusern und Menschen ...

Wie auf einem Teppich gleite ich auf meinem Duft
über Berge und Täler, über Wüste und Meer ...

Wo der Himmel die Erde berührt,
wächst eine Stadt wie aus biblischer Zeit.

Ich sehe Tore und Türme.
Ich sehe Gärten und Palmen.

Mein Duft führt mich auf engen Pfaden
zu einer orientalischen Händlergasse ...

Wie viele fremdartige Düfte liegen hier in der Luft ...

Ich rieche Ölgebäck und Türkischen Honig.
Der Geruch von gerösteten Nüssen und Mandeln
mischt sich mit dem gebratener Fleischspieße.

Aus halb geöffneten Jutesäcken duften Gewürze und Kräuter.

In einer Kupferschüssel schmelzen gelbe und rötliche Körner –
weiß-grauer Rauch steigt auf: der Duft von Weihrauch.
Mein Duft ist dorthin zurückgekehrt, woher er einst kam ...

Und nun stell dich langsam darauf ein,
dass unsere Duft-(Fantasie-)Reise zu Ende geht ...

Langsam kommst du in diesen Raum zurück ...

Du atmest dreimal ganz tief durch.
Du dehnst und rekelst dich genüsslich ...

Ganz vorsichtig öffnest du deine Augen ... “                    *(H.F.)*

Austauschendes Gespräch.

**Sacherklärung**     L. gibt Erläuterungen zum Thema „Weihrauch", zu seiner Bedeutung in biblischer Zeit und heute (s. Thematisches Stichwort).

L. erinnert an die Erzählung von den „Weisen aus dem Morgenland" (Mt 2,1ff) und deren Duft-Geschenke. Einige Sch. werden vielleicht schon einmal als „Sternsinger" mitgewirkt haben und können ihr Wissen einbringen.

**Essen/Trinken**     z.B. Lebkuchen (oder ein anderes stark duftendes Gebäck), Kinderglühwein

Kinderglühwein (Mengenangabe für ca. 30 Kinder).
3 L schwarzer Johannisbeersaft
1 Stange Zimt
8 Gewürznelken
3 unbehandelte Zitronen
20 Essl. Kabafit Erdbeergeschmack
Zitronen schälen, Schale mit Zimt, Nelken und Saft erhitzen und ca. 15 Minuten ziehen lassen. Zitronen auspressen, Zitronensaft und Kabafit unterrühren.
In Warmhaltekannen abfüllen.

**Lied**     Text und Musik: Ingeborg Schwiebert

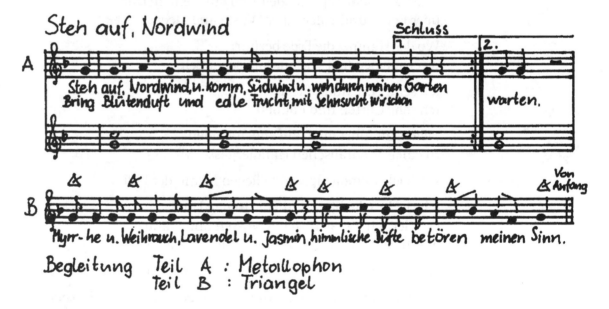

### Alternativen und Ergänzungen

**Duftparcours**     L. baut vor dem Fest einen Duftparcours mit weiteren biblischen Duftstoffen auf. Dazu werden die nachstehend genannten Duftstoffe in Duftsäckchen eingenäht bzw. als Duftöle („Ätherische Öle") in Filmdöschen gefüllt und mit Nummern versehen.

Ein Plakat nennt Namen und Verwendungszweck der Duftstoffe vorzugsweise in biblischer Zeit. Sch. versuchen eine Zuordnung. L. präsentiert Lösung, Sch. vergleichen.

L. gibt ergänzende Informationen zum Thema „Himmlische (Biblische) Düfte" (s. Thematisches Stichwort).

Neben Weihrauch (s.o.) bieten sich folgende biblische Aromastoffe an:

*Aloe:* verwendet zur Herstellung von Parfüms und zum Einbalsamieren von vornehmen Toten (Ps 45,9; Joh 19,39)

*Balsam:* verwendet zur Herstellung von Parfüms, Heilmittel zur Behandlung von Wunden, Gegengift gegen Schlangenbiss

*Myrrhe:* kostbarer Duftstoff, war (neben Zimt, Kalmus, Kassia und Olivenöl) in dem Salböl enthalten, mit dem in Israel die Könige gesalbt wurden; Mittel zur Schmerzlinderung

*Narde:* (Lavendelöl) kostbares Duftöl (60 kg wilder Lavendel ergeben 1 kg Öl)

*Olivenöl:* Kochen; Wundpflege (Lk 10,34!); Lampenöl; Grundlage für Parfüm; Bestandteil des Salböls (s.o.).

**Die Geschichte vom Zauberer**

Im Anschluss an die „Geschichte vom Zauberer" (s. Anlage) hören die Kinder Musik (z.B. A. Vivaldi, Die vier Jahreszeiten). Dabei erraten sie mit geschlossenen Augen durch Riechen an Trockenblüten (z.B. Rosenblätter, Lavendel etc.), „welche Frühlings- und Sommerdüfte der Zauberer gesammelt hat und welche Erinnerungen diese Düfte bei ihnen wachrufen. Die Kinder sollen träumen wie der Zauberer" (G. Faust-Siehl u.a., Mit Kindern Stille entdecken, Diesterweg, Frankfurt/M. 1992[3], S. 89).

**Duft-Memory**

Duft-Memorys werden fertig angeboten, z.B. „Smellery", von ‚Joker Production'.

Kostengünstiger ist die Eigenproduktion: aus Filmdöschen (geben Fotogeschäfte kostenlos ab), Duftölen und Wattebausch als Duftträger.

Verwendungsmöglichkeiten:

1. Duft und Bild der Frucht bzw. Blüte müssen einander zugeordnet werden.
2. Zwei Duftdöschen mit gleichem Duft ergeben ein Paar.

Bezugsadresse für Ätherische Öle: Primavera Life, Am Fichtenholz 5, 87477 Sulzberg

# Literatur

R. Brunner, Hörst du die Stille? Hinführung zur Meditation mit Kindern, Kösel, München 2001, S. 57f („Riechen")

Die Macht der Nase. Religiöse Bedeutung des Duftes, Katholisches Bibelwerk, Stuttgart 2000

G. Faust-Siehl u.a., Mit Kindern Stille entdecken, Diesterweg, Frankfurt/M. 1999[6], S. 88f.96 („Riechen")

S. Fischer-Rizzi, Himmlische Düfte. Aromatherapie, Hugendubel, München 2000[14]

C. Hopkins, Das große Buch der Aroma-Therapie, Heyne, München 1993

G. u. R. Maschwitz, Stille-Übungen mit Kindern. Ein Praxisbuch, Kösel, München 1998[3], S. 74f („Riechen"), S. 110ff („Der Weg des Atems")

RL 1/95 Themenheft „Düfte"

M. Zohary, Pflanzen der Bibel, Calwer, Stuttgart 1995[3]

**Anlage**

# Die Geschichte vom Zauberer

nacherzählt von Uta Wallaschek

Ich schließe die Augen. Mein Weg beginnt. Ich verlasse die laute Stadt und spüre jetzt schon den weichen Waldboden unter meinen Füßen. Kein Lärm mehr ist zu hören. Nur noch das Rauschen der Blätter über mir, und ab und zu zwitschert friedlich ein Vogel. Langsam gehe ich den Weg entlang. Da sehe ich vor mir, umgeben von hohen Hecken, eine alte Burg aus Steinen. Sie ist ganz bewachsen mit Moosen und Kletterpflanzen.

In dieser Burg wohnt ein alter Zauberer. Den ganzen Winter über war er außerhalb seiner Burg nicht zu sehen. Doch im Frühling, sobald der letzte Schnee verschwunden ist und die ersten Sonnenstrahlen Blumen und Kräuter wachsen lassen, streift der alte Zauberer vom frühen Morgen bis zum späten Abend durch Wald und Wiesen. Dabei tut er seltsame Dinge. Er streichelt sorgfältig mit seinem Zauberstab über Blüten und Kräuter, schaut zu den Bäumen und Sonnenstrahlen empor. Manchmal legt er sich ganz auf den Boden, als wolle er hören, was ihm die Natur erzählt. Immer murmelt er dabei einen Zauberspruch und lässt seinen goldenen Stab über kleine, schwarze Büchsen gleiten. Wieder steckt er den Zauberstab Blumen und Kräutern entgegen, und wieder verschwindet etwas in einer kleinen schwarzen Büchse.

Du wunderst dich sicher über den Zauberer. Weißt du, was er sammelt? Er sammelt Düfte – das ganze Frühjahr über. Die Düfte des langen, warmen Sommers und des bunten Herbstes, alle kommen in kleine schwarze Büchsen. Wenn die Tage dann kürzer und kälter werden und schließlich der Winter kommt, bleibt der Zauberer in seinem alten Schloss. Er nimmt eine Büchse, öffnet diese – vielleicht eine vom Herbst – steckt seine Nase hinein, schließt die Augen und träumt von der Sonne, den bunten Farben und von allen Herbstblumen.

*(aus: G. Faust-Siehl u.a., Mit Kindern Stille entdecken. Bausteine zur Veränderung der Schule, Diesterweg, Frankfurt/M. 1992³, S. 96)*

# 11 Bibel-Fest

**Kurzinhalt**

> – Begrüßung
> – Lied „Gottes Wort ist wie Licht in der Nacht"
> – Spiel: „Biblische Figuren stellen sich vor"
> – Lied „Herr, dein Wort ist gut für alle Menschen"
> – Essen und Trinken
> – Denksprüche
> – Abschlusskanon „Gottes Wort bleibet in Ewigkeit".

**Thematisches Stichwort**

Mit „Simchat-Tora", dem Fest der Tora-Freude, beschließt und beginnt das Judentum im Gottesdienst der Synagoge den einjährigen Zyklus, innerhalb dessen in 45 Abschnitten die fünf Bücher Mose gelesen werden. Festlich geschmückt werden alle Tora-Rollen der Gemeinde aus dem Schrein hervorgeholt und in einer feierlichen, fröhlichen Prozession mit Tänzen siebenmal um das Lesepult getragen. Auch die Kinder sind an diesen Umzügen beteiligt, die die Freude an dem göttlichen Lebenswort sichtbar zum Ausdruck bringt. Simchat-Tora und seine Bedeutung (manchmal in Verbindung mit Fähnchen, brennenden Kerzen und Süßigkeiten) soll sich ihnen sinnlich einprägen, die Liebe zur Tora und zum Tora-Studium geweckt und gefestigt werden.

Es ist eigentlich erstaunlich, dass die christlichen Kirchen kein vergleichbares Fest(-Brauchtum) entwickelt haben, zumal Christinnen und Christen Gottes zum Leben weisendes Wort nicht weniger lieb und bedeutsam ist. Hat möglicherweise eine Schriftrolle einen höheren Symbol- und Sinnlichkeitswert als ein gedrucktes Buch?

Ein Fest zum Abschluss einer Reihe, die „die Bibel als Buch" thematisiert, kann vielleicht – komplementär zum kognitiv Angeeigneten – für die Spiritualität und *inhaltliche* Bedeutung des göttlichen Wortes sensibilisieren.

Zur Leibhaftigkeit und Ganzheitlichkeit dieses Aneignungsprozesses gehören Spielen und Singen, Essen und Trinken, Hören und Schreiben.

Um den Horizont des Gemeinten zu akzentuieren, sei noch einmal eine jüdische Stimme zitiert:

„Mein erster Lehrer, der Batiser Rebbe, ein sanftmütiger Greis, dessen schneeweißer Bart das Gesicht fast überwucherte, brachte uns die zweiundzwanzig heiligen Buchstaben des Alphabets bei und sagte: ‚Kinder, hier habt ihr den Anfang und das Ende aller Dinge. Tausend und abertausend Werke sind mit diesen Buchstaben geschrieben worden oder werden noch mit ihnen geschrieben. Seht sie euch gut an, lernt sie mit Hingabe: Sie werden euer Schlüssel zum Leben sein. Und der Schlüssel zur Ewigkeit.'

Als ich das erste Wort laut las, Bereschit [im Anfang], hatte ich das Gefühl, in ein fremdes Universum einzutreten, verzaubert zu werden. Als ich den Sinn des ersten Verses erfasste, überkam mich ein unbändiges und unbekanntes Glück. ‚Gott schuf die Welt mit den zweiundzwanzig Buchstaben des Alphabets', lehrte uns der alte Meister, der genau genommen gar nicht so alt war. ‚Geht achtsam damit um, dann werden sie auf euch Acht geben. Sie werden euch überallhin begleiten. Sie werden euch zum Lachen und zum Weinen bringen. Besser gesagt: Sie werden weinen, wenn ihr weint, und sie werden lachen, wenn ihr lacht. Und wenn ihr fleißig seid, werden sie euch den Weg zu den verborgenen Heiligtümern eröffnen; dort wird alles zu …' Diesen Satz hat er nie beendet. Dort wird alles zu …? Staub? Wahrheit? Leben?

Beim Lesen der ebenso alten wie einfachen Texte entdeckte ich etwas, das mich erschreckte, in Bann schlug und entzückte. Ohne mich von der Stelle zu rühren, streifte ich durch sichtbare und unsichtbare Welten. Ich war an zwei, an tausend Orten gleichzeitig, machte tausend Dinge auf einmal. Ich war im Anfang, bei Adam, kaum dass er auf die im Licht erstrahlende Welt gekommen war. Ich war mit Mose unter dem Flammenhimmel auf dem Berg Sinai. Ich pickte einen Satz, eine Geschichte heraus, und schon ließ ich alle Entfernungen hinter mir."

*(aus: E. Wiesel, Alle Flüsse fließen ins Meer. Autobiographie, Copyright © Elirion Associates Inc., 1994; für die deutsche Ausgabe Copyright © 1995 by Hoffmann und Campe, Hamburg, S. 18f)*

**Biblischer Bezug** „Bibel: Die gute Nachricht weitersagen", in: Religionsunterricht praktisch 3, S. 188ff.

**Adressaten** 3. (4.) Schuljahr.

**Vorarbeiten** Sch. bereiten u.a. mit folgenden Inhalten und Objekten eine kleine Ausstellung vor:

Büchertisch mit div. *Bibelausgaben*, z.B.
– Hebräische Bibel (AT)
– Griechisches Neues Testament
– Alte Familienbibel
– Kinderbibel(n)
– Kleinste Bibel der Welt
– Arabische Bibel (oder eine andere Fremdsprache) etc.

und

*Sachbüchern* zur Bibel, z.B.
– W. Brauckmann, Bibeldetektive. Krimispiele rund ums Buch der Bücher, Verlag an der Ruhr, Mülheim/R. 1994
– Die Bibel entdecken. Jugendhandbuch, Brunnen/BLB, Gießen/Woltersdorf/Berlin/Basel/Winterthur/Marienheide 1998
– M. Doney, So kam die Bibel zu uns. Die Geschichte des Buches, das die Welt veränderte, Verlage der Francke-Buchhandlung, Marburg 1986
– Ich entdecke die Welt der Bibel: Altes Testament, Ravensburger Buchverlag Otto Maier, Stuttgart 1994[6]
– Ich entdecke die Welt der Bibel: Neues Testament, Ravensburger Buchverlag Otto Maier, Stuttgart 1994[6]
– M. Kuckenburg, Die Entstehung von Sprache und Schrift, dumont taschenbücher Nr. 232, Du Mont Buchverlag, Köln 1989
– Länder & Völker der Bibel. Gerstenberg, Hildesheim 1992
– I. Meyer/J.F. Spiegel, Wir entdecken die Bibel, Herder, Freiburg 1992[4]
– C. Musatti, Entdecke die Welt der Bibel, Katholisches Bibelwerk, Stuttgart 2000

– A. Röckener, Mein Bibel-Rätsel-Bastelbuch, Agentur des Rauhen Hauses, Norderstedt 2000
– P. Spangenberg, Die Bibel den Kindern erklärt, Agentur des Rauhen Hauses, Norderstedt 2000

**Bibelkuchen**

Die Zutaten für diesen Kuchen nennt kein fertiges Rezept. Man muss sie vielmehr erst aus verschiedenen Bibelstellen erschließen. Durch Nachschlagen im Alten und Neuen Testament kommt man aber dem Geheimnis des Bibelkuchens schnell auf die Spur.

*Zutaten:*

| | | |
|---|---|---|
| | 200 g | Dtn 32,14a |
| | 6 Stück | Hi 39,14 |
| | 500 g | Ri 14,18 |
| | 500 g | 1. Kön 5,2 |
| | 2 Tassen | Gen 40,10b (getrocknet) |
| | 0,75 Tassen | 1. Kor 3,2 |
| | 2 Tassen | Nah 3,12 |
| | 1 Tasse | Num 17,23b |
| | 1 Prise | Mt 5,13 |
| | 3–4 Teel. | Offb 18,13a |
| | 3 Teel. | Backpulver |

*Zubereitung:* 2. Sam 13,8b
*Backzeit:* ca. 75–90 Minuten, 175° C
*Grundsatz:* Für den Verzehr des fertigen Kuchens soll Spr 16,32 gelten!

**Denksprüche**

L. bereitet eine Tapetenrolle vor, auf die er/sie eine geeignete Auswahl von Bibelversen schreibt (z.B. Ps 4,9; 23,1.4; 27,1; 28,7; 37,5; 62,7; 91,1f.11; 104,24.33; 119,105; 121,3; Jes 41,10a; 66,13; Mt 5,9; Mk 10,14; Joh 10,14; 1 Petr 5,7 etc.).

**Blüten**

In Zahl der Kinder werden Blüten aus Ton- oder Origamipapier nach dem Muster der *Anlage* angefertigt. Im Verlauf des Festes werden die Sch. einen Bibelvers ihrer Wahl auf das Mittelstück der Blüte schreiben und einkleben.

*Ferner:*
Lieder
Tischschmuck
Getränke etc.

**Zeitbedarf**

ca. 2 Stunden.

# Gestaltungsvorschlag

**Einstimmung**  Sch. betreten den vorbereiteten Raum. Einige Kinder tragen folgende Gegenstände herein und decken damit den Tisch in der Mitte:
– Tischdecke
– Leuchter
– Blumen
– Kreuz
– Bibel/Schriftrolle.

**Begrüßung**  L. nimmt die Bibel in die Hand und erinnert daran, dass die Bibel als Buch für
einige Wochen Gegenstand des Unterrichts war:

„Die Bibel ist das ‚Buch der Bücher‘. Das bedeutet: Die Bibel ist nicht *ein* Buch,
sondern enthält viele Bücher. In mehr als 1000 Jahren wurden sie von zahlreichen Männern und Frauen geschrieben.

Alle diese verschiedenen Bücher haben eigentlich ein Thema: Ein Lied
besingt das so:

‚Gott liebt diese Welt‘ (in: Mein Liederbuch für heute und morgen, A 35) –
(Alle singen die 1. Strophe).

Die Bibel ist das ‚Buch der Bücher‘. Das bedeutet, sie ist das am weitesten
verbreitete Buch der Erde. In fast alle Sprachen der Welt wurde es übersetzt.

Die Bibel ist das ‚Buch der Bücher‘. Das bedeutet, für viele Menschen ist die
Bibel wichtiger als alle anderen Bücher. Sie brauchen ihre gute Botschaft so
nötig wie Essen und Trinken.

Gottes Wort ist wie ‚Licht in der Nacht‘.“

**Lied**  Text: Hans-Hermann Bittger
Melodie: Kanon für 2 Stimmen: Josef Jacobsen, 1935

*(Bischöfliches Generalvikariat Essen)*

– „Gottes Wort ist wie Licht in der Nacht"
Die TN stehen im Kreis. Sie halten die Hände so vor sich, dass diese ein aufschlagendes Buch symbolisieren („Gottes Wort").
– „es hat Hoffnung und Zukunft gebracht"
Die TN gehen mit dieser Handhaltung zwei Schritte nach vorne („Zukunft").
– „Es gibt Trost, es gibt Halt
in Bedrängnis, Not und Ängsten"
Bei der ersten Textzeile fassen sich die TN an den Händen („Halt"). Bei der zweiten Textzeile erheben sie die Hände (nicht loslassen!) und bewegen sie heftig hin und her („Bedrängnis, Not und Ängste").
– „ist wie ein Stern in der Dunkelheit."
Die TN gehen zwei Schritte zurück. Sie halten die Hände verbunden, nehmen sie beim Zurückgehen langsam hinunter und bilden so einen Stern.

Das Lied kann auch mit einem Innen- und Außenkreis versetzt als Kanon gesungen und getanzt werden.

*(aus: Luther-Gedenken '96. Bausteine und Materialien für die Gemeinde, Deutsche Bibelgesellschaft, Stuttgart 1995, S. G 4)*

**Spiel**

Biblische Figuren stellen sich vor:

(Mit dem Hinweis des/der L., dass biblische Geschichten immer Geschichten von lebendigen, handelnden Personen sind, treten nacheinander – in sparsamer Verkleidung – folgende Personen auf und werden von den übrigen Kindern erraten):

Figur 1  **Der gute Hirte**
Ich habe einen schweren Beruf. Ich muss auf viele Tiere achten und bin für sie verantwortlich. Jedes einzelne Wesen ist für mich wichtig. Ich muss es beschützen.

Figur 2  **Maria**
Ich bin eine einfach Frau. Aber Gott hat mich für eine große Aufgabe ausersehen. Ich bin die Mutter des Retters der ganzen Menschheit.

Figur 3  **Sara**
Ich bin eine Frau aus dem Alten Testament. Ich musste mit meinem Mann vor vielen Jahren meine Heimat verlassen. Immer habe ich mir Kinder gewünscht, aber bis heute ist mein Wunsch nicht in Erfüllung gegangen. Mein Mann glaubt aber fest daran, dass Gott seine Zusage hält und unseren Kinderwunsch noch erfüllt.

Figur 4  **Goliath**
Ich bin ein Krieger in dem Heer der Philister. Ich bin groß und stark und oft muss ich gegen einzelne Gegner kämpfen. Ich habe bisher immer gesiegt.

Figur 5 **David**

Ich bin ein Hirtenjunge. Mein Vater hat mich rufen lassen, weil unser Prophet Samuel mir etwas Wichtiges mitzuteilen hat.

Figur 6 **Abraham**

Ich bin ein alter Mann. Gott hat mich in dieses Land geschickt. Er hat mir versprochen, aus mir ein großes Volk zu machen. Aber wie soll das gehen? Meine Frau und ich haben keine Kinder. Trotzdem glaube ich fest, dass Gott seine Verheißung erfüllt.

**Lied**

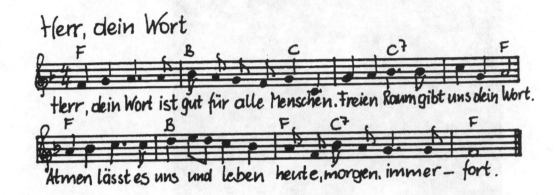

*(aus: E. Dietrich u.a., HG., Seht die Blumen auf dem Felde. Berichte – Beispiele – Anregungen vom und für das Arbeitsfeld Kinderkirche, Junge Gemeinde, Stuttgart 1990, S. 73)*

**Essen und Trinken**

Bibelkuchen (s.o.) und Saft

**Lied**

(Wiederholung) „Gottes Wort ist wie ein Licht ...“

**Denksprüche**

L. entrollt die vorbereitete Tapetenrolle mit den Denksprüchen (s.o. Vorbereitung) und fordert die Sch. auf, einen Lieblingsvers auszuwählen und besonders liebevoll und schön in die Blüten zu übertragen und mit ihrem Namen zu versehen.

Anschließend lesen die Kinder nacheinander ihre Denksprüche vor und ordnen sie sodann um die Mitte mit der Bibel.

**Variante**

Sch. schreiben ihren Vers auf Architektenpapier. Die fertigen Schriftbilder werden zusammengeklebt und als Transparent vor eine Kerze o.ä. als Lichtquelle gestellt.

**Abschlusskanon**

„Gottes Wort bleibet in Ewigkeit“, in: Mein Kanonbuch, Nr. 151.

## Alternativen und Ergänzungen

**Eine alte Bibel erzählt**

Eine möglichst alte Bibel wird herumgereicht und intensiv angeschaut. Sobald die Bibel wieder bei L. angelangt ist, beginnt diese/r eine Ich-Erzählung, die jeweils mit ein oder zwei Sätzen von den Kindern aufgegriffen und fortgeführt wird.

**Figuren-Raten**

Mehrere Kinder werden aus dem Raum geschickt. Die verbleibenden Kinder verständigen sich auf Personen aus dem Alten und Neuen Testament, die durch Nachfragen (die nur mit „Ja" oder „Nein" zu beantworten sind) wie folgt zu erraten sind:

Figur 1 wird hereingebeten, bekommt seinen Namen mit einem Zettel auf den Rücken geheftet und muss nun durch Fragen herausfinden, wer er ist usw.

**Eine Bibelseite drucken**

Wenn die Schule über eine Druckwerkstatt verfügt, kann es sehr reizvoll sein, miteinander eine Bibelseite (oder einen Teil derselben) zu drucken. Die Initiale wird ausgespart und – wie bei mittelalterlichen Handschriften – sehr sorgfältig und aufwändig gesondert „gemalt".

**„Bibelmuseum"**

L. hat verschiedene „kostbare" Gegenstände zusammengestellt, deren Zusammenhang mit (bekannten) biblischen Geschichten zu erraten ist, z.B.

*Gefäß mit Öl:* Salbung in Betanien (Mt 26,6ff); Die Frauen am Ostermorgen (Mk 16,1ff); David wird zum König gesalbt (1. Sam 16); Barmherziger Samariter (Lk 10,30ff) u.ö.

*Netz:* Jüngerberufung (Mt 4,18ff parr.); Gleichnis vom Fischnetz (Mt 13,47ff) u.ö.

*Sandalen:* Mose am brennenden Dornbusch (Ex 3)

*Perle:* Gleichnis vom verlorenen Schaf (Mt 18,10ff) u.ö.

*Schafwolle:* Gleichnis vom verlorenen Schaf (Mt 18,10ff) u.ö.

*Geldstück:* Zachäus (Lk 19); Anvertraute Talente (Mt 25,14ff); Scherflein der Witwe (Mk 12,41ff parr.) u.ö.

*Brot:* Abendmahl (Mt 26,17ff); Speisung der 5000 (Mt 14,13ff parr.) u.ö.

*Kieselsteine:* David und Goliath (1. Sam 17,1ff, bes. 40)

*Becher:* Josefsgeschichte (Gen 44,1ff)

*Körbchen/Kästchen:* Moses Geburt und Rettung (Ex 2)

*Stroh/Windel:* Jesu Geburt (Lk 2) etc.

**Memory**

z.B. „Bibel Memory" (Kinderland Memo), Hänssler, Neuhausen 1993.

**„Montagsmaler"**

Zwei gleich große Gruppen erraten mit der Methode „Montagsmaler" in Konkurrenz miteinander von dem/der L. vorgegebene Personen und Begriffe aus der Bibel, z.B. David und Goliath, Krippe im Stall von Bethlehem, bunter Rock des Josef … .

„Blüte" ausschneiden und „Blütenblätter" nach innen falten, so dass sich eine Blütengestalt ergibt, die sich öffnen und schließen lässt. –

    Kreis ebenfalls ausschneiden (möglichst andere Papierfarbe), ausgewählten Bibelvers daraufschreiben und den „Teller" in den Blütengrund kleben.

# 12 Wie aus Feinden Freunde werden –
Josef und seine Brüder feiern ein Wiedersehens- und Versöhnungsfest

**Kurzinhalt**

> – Kanon „Seht doch, wie schön und freundlich: Brüder (Schwestern)
>    vergnügt beisammen ..."
> – Einstimmung und Erinnerung
> – Gedicht
> – Spiellied „Josef will nicht so allein"
> – Essen und Trinken
> – Versöhnungsgeste.

**Thematisches Stichwort**

Zur Sachanalyse: s. Religionsunterricht praktisch 2, S. 95ff.

Die Bibel weiß nichts von einem Wiedersehens- und Versöhnungsfest zwischen Josef und seinen Brüdern, wohl aber berichtet sie in Genesis 45 von der bewegenden Szene, in der sich Josef seinen Brüdern zu erkennen gibt:

„Da konnte Josef nicht länger an sich halten vor allen, die um ihn her standen, und er rief: ‚Laßt jedermann von mir hinausgehen!' Und (es) stand kein Mensch bei ihm, als sich Josef seinen Brüdern zu erkennen gab. Und er weinte laut, dass es die Ägypter und das Haus des Pharao hörten, und sprach zu seinen Brüdern: ‚Ich bin Josef. ... Ich bin Josef, euer Bruder, den ihr nach Ägypten verkauft habt.' "

*(Lutherbibel, revidierter Text 1984, mit Genehmigung der Deutschen Bibelgesellschaft, Stuttgart, Gen 45, 1–4 i.A.)*

Durch und trotz Streit und Konflikt, durch und trotz Hass und Neid kommt eine Geschichte zu ihrem guten Ende, in der Gott im Verborgenen (durch Träume und Zeichen, durch Bilder und das Handeln von Menschen) wirksam ist.

Diese der Weisheit verpflichtete Gotteserfahrung fasst Josef in den Worten an seine Brüder zusammen: „Ihr gedachtet es böse mit mir zu machen, aber Gott gedachte es gut zu machen, um zu tun, was jetzt am Tage ist, nämlich am Leben zu erhalten ein großes Volk" (Gen 50,20).

Wo Menschen in dieser Einsicht zusammenfinden, da ist ein Fest gerechtfertigt, auch wenn es letztlich nicht im historischen Sinne authentisch ist. Das Wiedersehens- und Versöhnungsfest wiederholt nicht nur, schließt nicht nur ab, sondern lädt angesichts eigener Erfahrungen mit Geschwister- und Elternkonflikten zur Identifikation mit Menschen ein, in deren oft krummen Lebenswegen der mitgehende Gott markante Spuren hinterlässt.

Die Erfahrung von dem manchmal verborgenen gegenwärtigen Gott formuliert eine Erzählung aus unserer Zeit so:

### Fußspuren im Sand

Eines Nachts hatte ich einen Traum.
Ich ging am Meer entlang
mit meinem Herrn.

Vor dem dunklen Nachthimmel
erstrahlten,
Streiflichtern gleich,
Bilder aus meinem Leben.
Und jedesmal sah ich zwei Fußspuren im Sand,
meine eigene und die meines Herrn.
Als das letzte Bild an meinen Augen
vorübergezogen war, blickte ich zurück.
Ich erschrak, als ich entdeckte,
dass an vielen Stellen meines Lebensweges
nur eine Spur zu sehen war.
Und das waren gerade die schwersten
Zeiten meines Lebens.
Besorgt fragte ich den Herrn:
„Herr, als ich anfing, dir nachzufolgen,
da hast du mir versprochen,
auf allen Wegen bei mir zu sein.
Aber jetzt entdecke ich,
dass in den schwersten Zeiten meines Lebens
nur eine Spur im Sand zu sehen ist.
Warum hast du mich allein gelassen,
als ich dich am meisten brauchte?"
Da antwortete er: „Mein liebes Kind,
ich liebe dich und werde dich nie allein lassen,
erst recht nicht in Nöten und Schwierigkeiten.
Dort, wo du nur eine Spur gesehen hast,
da habe ich dich getragen."

*(Originalfassung des Gedichts* Footprints © *1964 Margaret Fishback Powers; deutsche Fassung des Gedichts* Spuren im Sand © *1996 Brunnen Verlag Gießen)*

| | |
|---|---|
| **Biblischer Bezug** | Gen 45. |
| **Bezug zum Unterricht** | „Josef: Israel erzählt von Josefs Weg", in: Religionsunterricht praktisch 2, S. 95ff. |
| **Adressaten** | 2. Schuljahr. |
| **Vorarbeiten** | |
| **Raum** | Sch. stellen Gegenstände und Symbole aus dem Unterricht zu einer kleinen Ausstellung zusammen: <br> – Josefbüchlein <br> – Rock des Josef <br> – Becher (Gen 44,2) <br> – (Spielzeug) Karawane (Gen 37,25) <br> – Getreideähren (Gen 37,1ff) <br> – Weintrauben und Brot (Gen 40). |

| | |
|---|---|
| **Spiellied** | Einüben (s.u.) |
| | Requisiten: z.B. Rock für „Josef" – Stöcke – Umhänge o.ä. für die Brüder. |

**Sets**

Im vorbereitenden Religionsunterricht können Sets (DIN-A4, Ecken abrunden) mit verschiedenen Motiven zur Josefsgeschichte bemalt werden. Später werden die Bilder-Sets in der richtigen Reihenfolge auf die Tische gelegt, die nach Möglichkeit zu einem Rechteck oder Quadrat angeordnet werden.

Falls die Vorbereitungszeit knapp ist, kann man sich auch mit vorgegebenen Bildmotiven begnügen, die auf die Sets kopiert werden. Geeignete Bildvorlagen mit Farbholzschnitten von Reinhardt Herrmann enthält z.B. die Fibel „Alles ist neu", Kaufmann/Diesterweg, Lahr/Frankfurt/M./Berlin/München 1977, S. 39ff. Die 22 Motive sind identisch mit denen in: Elementarbibel, Teil 1, Geschichten von Abraham, Isaak und Jakob, Kaufmann/Kösel, Lahr/München 1973, S. 47ff.

Roten Faden bereitlegen; zur Verwendung s.u.

Textplakat (Verheißungswort) für Anfang und Ende (s.u.).

**Essen**

Fladenbrot(e)
Altägyptischer Salat *(s. Anlage)*
Pfefferminztee.

**Tischschmuck**

Vgl. Vorwort, S. 12f.

**Zeitbedarf**

ca. 1 Stunde.

---

# Gestaltungsvorschlag

**Kanon**

„Seht doch, wie schön" (in: Religionsunterricht praktisch 2, S. 126, M 7)

**Einstimmung und Erinnerung**

Sch. ordnen die bemalten Sets auf den Tischen in der richtigen Reihenfolge. Sie ziehen an der Bildgeschichte entlang und rufen sich die einzelnen Stationen der Erzählung noch einmal in Erinnerung.

Ggf. kann L. an den Anfang und ans Ende der Bildfolge die Worte aus Gen 50,20 legen und diese Rahmung mit den Stationen durch einen „roten Faden" verknüpfen. Intention: Gottes Handeln ist (wie) der rote Faden, der sich durch die ganze Josefsgeschichte zieht und durch Höhen und Tiefen zum Ziel führt.

**Spiellied**    Text: Barbara Uhle / Josef Michel (außer 5a + 6a)
Melodie: Josef Michel

Josef will nicht so allein immer nur beim Vater sein.

Doch die Brüder wolln ihn nicht, schaun ihm böse ins Gesicht.

Kinder stehen im Kreis, „Josef" außerhalb. Er versucht, in den Kreis zu gelangen, scheitert jedoch an der dichten „Mauer" der Brüder.

2. Josef kommt im bunten Rock,
sie bedrohn ihn mit dem Stock,
ja sie werden gelb vor Neid
über Josefs neues Kleid.

*Josef zeigt den im Halbkreis stehenden Brüdern stolz und überheblich seinen Rock. Diese reagieren mit Ausfallschritt und Drohgebärden.*

3. Von zwölf Garben voller Pracht
träumt dem Josef in der Nacht,
träumt: die zwölfte, das bin ich,
sieht: die elf verneigen sich.

*Josef „schläft" und „träumt", während ihn die Brüder in kleinen Gruppen (= Garben) umstehen. Sie verneigen sich vor ihrem Bruder.*

4. Er erzählt von seinem Traum,
doch als er geendet kaum,
seine Brüder zornig schrein:
„Soll'n wir deine Diener sein?"

*Josef „erzählt" den Brüdern pantomimisch von seinen Träumen. Aufgebracht schreien die Brüder: „....!"*

5. In die Grube, die dort ist,
werfen sie ihn voller List.
Als die Karawane hält,
geben sie ihn weg für Geld.

*Die Brüder bilden mit ihren Körpern einen Brunnen, auf dessen Grund Josef kauert. Die Worte „Geben sie ihn ..." begleiten sie mit einer wegwerfenden Gebärde.*

5a. Josef kommt in fremdes Land,
alles ist ihm unbekannt.
Doch er muss nicht traurig sein,
Gott lässt ihn dort nicht allein.

*Josef sieht sich ängstlich in dem fremden Land um.*

6. Jeder Bruder denkt für sich:
„Vater liebt jetzt nur noch mich!"
Josef aber ward ein Herr,
Pharao verehrt ihn sehr.

*Alle Brüder zeigen stolz auf ihre eigenen Brust.*

6a. Leute, seht den Josef an,
er ist jetzt ein großer Mann,
ist des Pharaos rechte Hand
drunten im Ägyptenland.

*Leute/Brüder deuten auf Josef - Josef legt sich hoheitsvoll einen „Ministermantel" um.*

7. Seht, nun kommt die teure Zeit,
und die Brüder müssen weit.
Denn in ihrer großen Not
schickt der Vater sie nach Brot.

*Die Brüder begeben sich mit schleppendem Schritt, im Kreis schreitend, und mit einer geöffneten Bettelhand auf die Reise.*

8. In Ägypten beugen sie
vor dem Bruder ihre Knie,
den sie voller Frucht erkannt:
„Jetzt sind wir in Josef's Hand."

*Sie knien vor Josef nieder. Als sie ihren Bruder erkennen, erstarren sie vor Schreck.*

9. Doch der sagt: „Was ihr getan,
ich verzeih's und denk nicht dran.
Ihr habt Böses ausgedacht,
Gott hat alles gut gemacht!"

*Josef singt ab „Was ihr getan …". Sein Lied begleitet er mit einer versöhnlichen Geste.*

*(© Christophorus Verlag, Freiburg i. Br., aus: 9 x 11 Kinderlieder zur Bibel. 5a und 6a aus: D. Haas/R. Hauswirth, Hg., Alles ist neu. Lehrerhandbuch zu Religion 1, Kaufmann/Diesterweg, Lahr/Frankfurt/Berlin/München 1978, S. 142ff. Die Regieanweisungen verarbeiten Anregungen von R. Bube, in: entwurf 1/89, S. 56ff)*

**Essen und Trinken** (Sch. nehmen – nach Geburtstagen geordnet – ihrem Alter entsprechend Platz)

Altägyptischer Salat *(s. Anlage)*

Pfefferminztee

**Versöhnungs-geste** Josef teilt sein „buntes Kleid" in so viele Streifen, wie Personen an dem Wiedersehens- und Versöhnungsfest teilnehmen. Er übergibt jedem „Bruder"/jeder „Schwester" einen Streifen. Der/die Beschenkte bindet ihn als Schärpe oder Gürtel oder Stirnband um. – L. klärt im Gespräch die Bedeutung dieser Symbolhandlung als Geste der Versöhnung und Geschwisterlichkeit.

**Kanon** Wiederholung „Seht doch wie schön" (s.o.). – Dabei können alle Festteilnehmer/innen ihre Tücher aneinanderknüpfen und sich rhythmisch wiegen.

Vgl. auch die Tanz-Anleitung in: Religionsunterricht praktisch 2, S. 99.

---

**Spiel mit Stab-puppen oder Schattenfiguren**

## Alternativen und Ergänzungen

Hinweise dazu in:

W. Longardt, Spielbuch Religion, Benziger/Kaufmann, Zürich/Köln/Lahr 1974, S. 153f und Anlagen (vergriffen)

R.U. Wullschleger, Mit Josef nach Ägypten. 24 Unterrichtsentwürfe für die Primarschule/Grundschule, tvz, Zürich 1994, Anlagen 1–7.

## Weitere Lieder

G. Watkinson, Hg., 9 x 11 neue Kinderlieder zur Bibel, Kaufmann/Christophorus, Lahr/Freiburg 1974, S. 20ff (vergriffen) enthält noch weitere Spiellieder:

– „Joseph und seine Brüder"
– „Joseph wird verkauft"
– „Joseph kommt zu Potiphar"
– „Joseph deutet die Träume"
– „Josephs Brüder ziehen nach Ägypten".

## Altägyptischer Salat

In Ägypten wachsen Gurken schon seit einigen 1000 Jahren. Sie wurden bereits zu altbiblischen Zeiten gegessen. Dazu wurde Joghurt aufgetragen. Das ist auch ein sehr altes Nahrungsmittel. Früher hat man Joghurt auf einfache Art gemacht. Die Milch wurde in einem mit Sacktuch gedeckten Tontopf an der Sonne eingedickt.

In Ägypten wird Joghurt auch mit Honig oder Früchten gegessen oder wie früher mit Gurken vermischt, um diesen erfrischenden Salat zu machen.

*Zutaten* (für 3–4 Personen)
    1 große Gurke
    1 Becher Joghurt natur
    1 Tl Dill
    1 Tl Zitronensaft
    1 Prise Salz
    1 Prise Pfeffer
    3 frische Pfefferminzblätter (falls du hast)

*Zubereitung*
1. Schäle die Gurke und schneide sie in kleine Würfel.
2. Gib die Gurke, das Joghurt, den Dill und den Zitronensaft in die Schüssel und mische gut.
3. Würze diese Mischung nach deinem Geschmack mit dem Salz und dem Pfeffer und schütte alles in die Salatschüssel.
4. Falls du hast, kannst du noch ein wenig gehackte frische Pfefferminzblätter dazugeben. (Aber keine getrockneten Pfefferminzblätter.)
5. Decke die Schüssel zu und lass den Salat vor dem Servieren im Kühlschrank kalt werden.

*Andere Möglichkeit:* Du kannst auch 3 Esslöffel gehackte Baumnüsse und 3 Esslöffel Rosinen dazugeben.

*(aus: T.T. Cooper/M. Ratner, Koch mit uns! Das internationale Jugend-Kochbuch – 41 Rezepte aus 41 Ländern, UNICEF/Ex Libris, Zürich 1974/77, S. 13)*

# 13 | Gottes Kinder in aller Welt – Zu Gast bei den Völkern der Erde

**Kurzinhalt**

- Lied „Alle Kinder dieser Erde"
- *Station 1 (Afrika)*
  - ... Umweltgeschichte (Tansania)
  - ... Afrikanische Musik
  - ... Märchen „Wie das Leben durch die Welt wanderte"
  - ... Spiel „Da Ga"
  - ... Gedicht „Was spielen die Kinder der Erde?", Str. 1
  - ... Lied „Schwarze, Weiße, Rote, Gelbe"
- *Station 2 (Südamerika)*
  - ... Umweltgeschichte (Anden)
  - ... Lied („Indiecito")
  - ... Gedicht „Was spielen die Kinder der Erde?", Str. 2
  - ... Spiel „Ring auf dem Band"
  - ... Gedicht „Was spielen die Kinder der Erde?", Str. 4
  - ... Märchen „Das Märchen vom Vogel Ypaka'á"
  - ... Lied „Schwarze, Weiße ..." (Wiederholung)
- *Station 3 (Indien)*
  - ... Umweltgeschichte
  - ... Kleidung (traditionell) vorstellen
  - ... Gemeinsames Mahl
  - ... Dankgebet
  - ... Schlusslied „Lobet und preiset ihr Völker ..."

**Thematisches Stichwort**

Nahezu alle Länderverfassungen und Präambeln der Grundschul-Richtlinien formulieren als Erziehungsmaximen die „Teilnahme am kulturellen Leben des eigenen Volkes und fremder Völker" (Bremen, Art. 26.4) und die Erziehung zur Völkerverständigung.

Die Einladung zur Auseinandersetzung mit dem Fremden hat Kinder zu Adressaten gemacht, die längst über einschlägige Erfahrungen verfügen durch

- Mitschüler/innen und Freund/innen aus fremden Ländern
- Leben in einer Gesellschaft, die multikulturell ist
- Begegnung in Freizeit und Nachbarschaft
- Urlaub im Ausland
- Restaurants mit chinesischer, indischer, thailändischer, mexikanischer Küche
- Produkte aus Ländern der „Dritten Welt" im Haushalt der Eltern.

Positive Erfahrungen und Einstellungen sollen im Rahmen eines Festes aufgegriffen und verstärkt, die kulturelle Vielfalt, die sich in Märchen und Tänzen, in Spielen und Liedern, in Speisen und Kleidung manifestiert, elementar erschlossen werden.

Der „Blick über den Tellerrand" will die Einsicht vorbereiten, dass wir *Kinder einer Erde* sind und ein *gemeinsames Haus* (gr. „oikos") bewohnen – *ein* Haus für Nord und Süd, für Arm und Reich, für unterschiedliche Kulturen, Nationen und Religionen.

Feste/Feiern sind Höhepunkte im Leben aller Völker; sie sind aufschlussreiche Verdichtungen, Zäsuren, Augenblicke der Erinnerung und des Ausblicks. Die (feiermäßige) Auseinandersetzung mit dem Thema soll auf Fremdes/Unbekanntes neugierig machen, den eigenen Horizont erweitern und als persönliche Bereicherung empfunden werden.

Die Auswahl der Festinhalte sucht eine kognitive Engführung ebenso zu vermeiden wie eine Reduktion aufs Exotisch-Folkloristische oder auf die Elends-Thematik.

Im Vordergrund stehen handlungsorientierte Inhalte,

- die exemplarischen Charakter haben
- die nach Parallelen im eigenen (Er-)Lebenszusammenhang fragen lassen
- die das Andersartige als Vielfalt und Bereicherung begreifen lassen – einschließlich des Essens
- die den eigenen Horizont und das bisherige Welt-Bild erweitern.

Mehrere Länder- bzw. Erdteilgruppen sollen nacheinander aufgesucht werden, zum Hören und Sehen, zum Riechen und Schmecken einladen.

Die Gruppenarbeit bereitet im Sinne entdeckenden Lernens ganz unterschiedliche Elemente für das Fest vor, Elemente, die die Farbigkeit des Lebens auf dieser Erde spiegeln.

Je nach Zeit (für Vorbereitung und Fest), räumlichen Gegebenheiten, Klasse/Altersstufe wird auszuwählen sein; das Prinzip des Exemplarischen hat Vorrang vor dem (ohnehin nicht einlösbaren) Anspruch der Vollständigkeit. Das hier Vorgeschlagene ist im Sinne eines Maximalangebots zu verstehen.

Jede Gruppe bringt später ihr Märchen, ihre Speise, ihr Lied, ihren Tanz etc. in das Fest ein und bereichert so das gemeinsame Erleben.

Gerade bei einem „Dritte-Welt-Fest" wird es sinnvoll sein, einige Eltern in die Planung und Realisation einzubeziehen. Sie können z.B. eigenverantwortlich eine „Station" betreuen, Impulse und Arbeitsaufträge geben, Hilfestellung bei der Umsetzung leisten, Sachfragen beantworten, ergänzende Materialien und Informationen bereitlegen.

Ein Fest mit dem (Unter-)Titel „Zu Gast bei den Völkern der Erde" nimmt ein Stück die biblischen Motive von der „Völkerwallfahrt zum Zion" (Jes 2,1ff; vgl. Mi 4,1f u. Jes 25,6) und dem „endzeitlichen Mahl" in Gottes Reich (Lk 13,29; 14,15ff) auf und vorweg.

**Biblischer Bezug**      Die Bibel als *parteiliches Buch* tritt engagiert ein für

- „Schalom" im Sinne von Friede und Wohlergehen für alle
- die Achtung und das Lebensrecht des Fremden („Die Fremdlinge sollst du nicht bedrängen ...; denn ihr seid auch Fremdlinge in Ägypterland gewesen", Ex 22,20 u.ö.)
- soziale Gerechtigkeit
- die Vision der Völkerwallfahrt zum Zion (Jes 2,1ff, s.u.) und den Gott, der Völker verbindet.

Vgl. ferner: Theologische und didaktische Aspekte in: „Dritte Welt; Voneinander lernen – Miteinander teilen", in: Religionsunterricht praktisch 4, S. 28f.

**Bezug zum Unterricht**  Thema „Kinder in anderen Ländern" 2: Kommt, ich zeig' euch, wie wir leben",
in: Religionsunterricht praktisch 1, S. 153ff

Thema „Dritte Welt: Voneinander lernen – Miteinander teilen", in: Religionsunterricht praktisch 4, S. 21ff.

**Adressaten**  Klasse 4 (1).

**Vorarbeiten**  Im vorbereitenden Unterricht sind neben der Sachauseinandersetzung (s.u.) ggf. die folgenden Gegenstände anzufertigen:

*Station 1: Afrika*
- Afrikanisches Spielzeug: Herstellung s. Religionsunterricht praktisch 1, S. 158, 170 und Literaturangaben
- Musikinstrumente: Hinweise zum Bau z.B. in: Religionsunterricht praktisch 1, S. 170.

*Station 2: Südamerika*
- Maisstrohpüppchen: Bischöfliches Hilfswerk Misereor, Hg., Eine Brücke nach Peru. Kinder im Andenhochland, (Misereormappe 12), Pädagogische Hilfen, Aachen 1986, S. 27
- Kleidung: a.a.O., S. 14.18
- Musikinstrumente: a.a.O., S. 35 und s.o.
- Tongefäße herstellen: a.a.O., S. 17.

*Station 3: Indien*
- Schmuck (Armreifen, Halsketten aus Silberdraht): s. Indien in der Grundschule als Projektwoche. Materialsammlung, Informationszentrum Dritte Welt des Kirchenkreises Herne, Overwegstr. 31, 44625 Herne, S. 25 (vergriffen).

Die unmittelbare Festvorbereitung umfasst neben den Gegenständen und Attributen für die Raumgestaltung vor allem die Einrichtung der „Stationen":

Die Stationen werden in der Turnhalle oder in einem anderen geeigneten Raum (z.B. auch in einem benachbarten Gemeindezentrum) vorbereitet. Sie können z.B. mit folgenden Inhalten bestückt werden:

*Station 1: Afrika*
- Selbst gezeichnete Bilder – Fotos
- Afrikanisches Dorf (mit Rundhütten, Brunnen, Bäumen etc.) – vgl. Religionsunterricht praktisch 1, S. 157
- Früchte/Obst aus Afrika
- Landkarte
- Afrikanisches Spielzeug: s.o.
- ggf. Musikinstrumente selbst basteln: s.o.
- Gewürze
- Bilderbücher (s. Religionsunterricht praktisch 1, S. 172)
- Märchenbücher (ebd.)
- Tiere (Playmobil o.ä.).

*Station 2: Südamerika*
- Bilder – Fotos
- Früchte/Obst
- Kleidung (z.B. Poncho, breitkrempiger Hut etc.)
- Musikinstrumente
- Tiere (Playmobil o.ä.)
- Gewürze/Obst/Früchte
- Maispüppchen
- Tonfiguren.

*Station 3: Indien*
- Bilder – Fotos
- Früchte/Gewürze/Obst
- Kleidung
- Tiere (Playmobil o.ä.).

**Zeitbedarf**        2–3 Stunden, besser jedoch im Rahmen eines Projekttages zu realisieren.

---

# Gestaltungsvorschlag

(Sch. ziehen [mit einer Polonäse?] in den Festraum ein.)

**Begrüßung**        L. begrüßt die Kinder/Eltern und stimmt auf das folgende Fest ein.
Stichworte: Kinder aus anderen Ländern in der eigenen Klasse/Schule/ Stadt – Begegnung mit anderen Ländern im Unterricht – Kennenlernen fremder Bräuche/Lieder/Spiele/Speisen – Gemeinsamkeiten und Unterschiede wahrnehmen ...

**Lied**        „Alle Kinder dieser Erde sind vor Gottes Angesicht" (in: Schwerter Liederbuch, Nr. 223).

**Station 1**        **Afrika**
(Sch. gehen zur 1. Station; sie schauen an und beschreiben, was die „Afrika-Station" zeigt. Sch. setzen sich sodann im Kreis um die Station.)

- *Thematische Einstimmung:* Auszüge aus: U. Krebs, Wir lieben unser Land. Kinder erzählen aus Tanzania, Jugenddienst, Wuppertal 1981[2] – Alternative: Ein Tag im Leben von Kwadjo Mfarfo aus Ghana, in: Brot für alle u.a., Hg., Jambo Afrika! „Guten Tag, Afrika!" Magazin zum Afrikaspiel, Basel o.J., S. 4f.

- *Afrikanische Musik:* Sch. hören ein Beispiel afrikanischer Musik, z.B. Auszüge aus der Schallplatte in: AV-Religion „Afrika und wir. Dritte Welt oder Eine Welt" (s. Literaturhinweise).

Sch. versuchen, die Musik mit Rhythmusinstrumenten (selbst gefertigten oder Orff) zu begleiten. Ggf. dazu: Tanzimprovisationen.

– *Märchen:* L. liest „Wie das Leben durch die Welt wanderte" *(Anlage 1)*

– *Spiel:*
*Da Ga (die große Schlange, die Boa)*
12 bis 30 Spieler
Ein Quadrat von etwa drei auf drei Meter wird auf dem Spielfeld als Schlangenhaus gekennzeichnet. Ein/e Spieler/in wird als Schlange gewählt und geht in sein/ihr Haus, von wo aus er/sie beginnt, die anderen Kinder zu fangen. Wer berührt wird, muss sich der Schlange anschließen (Hände halten) und mithelfen, die übrigen Spieler/innen  zu fangen. So wird die Schlange immer größer. Um gefangen zu werden, müssen die Spieler/innen von der „freien" Hand am einen oder anderen Ende der Schlange berührt werden.
Wenn die Schlange bricht, weil jemand die Hände loslässt, können die Spieler/innen die Schlange berühren und sie damit zwingen, in ihr Haus zurückzukehren. Die Schlange löst sich auf, und ihre „Teile" rennen so rasch wie möglich zurück. Sie bilden von Neuem eine Schlange und beginnen, die übrigen Spieler/innen zu fangen. Sieger/in ist, wer zuletzt gefangen wird.
Ein beliebter Trick der Schlange ist, die Spieler einzukreisen, wenn sie lang genug geworden ist. Die Spieler können jedoch versuchen, die Schlange aufzubrechen und sie damit zwingen, in ihr Haus zurückzurennen. Das Spielfeld sollte gekennzeichnet werden, um weites Herumrennen zu vermeiden.

*(aus: Zu Gast in Afrika – Kobna Anan aus Ghana singt, spielt, erzählt, tanzt, kocht, Schweizerisches Komitee für UNICEF, Zürich 1986, S. 47)*

– *Gedicht:* „Was spielen die Kinder der Erde?", Str. 1

Manche Kinder schlagen Reifen,
Manche Kinder einen Ball,
Manche spielen Fangen, Greifen
Manche spielen Wartesaal.

*(© James Krüss, La Calzada, 1996)*

– *Lied:* „Schwarze, Weiße, Rote, Gelbe", Str. 1, in: Mein Liederbuch 2: Oekumene heute, C. 39.

– *Essen:* Zu dem späteren Mahl trägt diese Gruppe „Hirsotto" *(Anlage 2)* oder einen Früchteteller (Orangen-Bananen-Melone-Papaya-Zitrone) bei.

**Station 2**  **Südamerika**

(Sch. ziehen zur 2. Station, sehen und beschreiben das Dargebotene, fragen nach und setzen sich.)

– *Thematische Einstimmung:* Auszüge aus: V. Schmidt, Ich bin Paco. Ein Junge aus den Anden erzählt, Jugenddienst, Wuppertal 1981[2] (für Ältere). Für Jüngere bietet sich i.A. an: Brot für die Welt, Hg., Anahi, ein Campesino-mädchen aus Paraguay, Stuttgart o.J.

– *Lied:* „Indiecito ...", s. *Anlage 3*

– *Gedicht:* „Was spielen die Kinder der Erde?", Str. 2

Manche hüpfen auf der Stelle,
Manche rollen durch das Gras,
Manche spielen Himmel, Hölle,
Manchen macht ein Wettlauf Spaß.

*(James Krüss, ebd.)*

– *Spiel* „Ring auf dem Band" (Kolumbien): Ein Ring wird auf ein Band gefädelt und das Band zusammengeknotet. Ein/e Sch. stellt sich in die Mitte, die Übrigen bilden einen Kreis und halten das Band mit ihren Händen fest. Auf ein Zeichen des/der Spielleiters/terin hin geben sie den Ring möglichst schnell und unauffällig weiter, indem sie ihre Hände auf dem Band hin- und herbewegen. Die Richtung des Rings kann immer wieder wechseln. Der/die Suchende muss herausfinden, wo sich der Ring befindet. Wer beim Weitergeben des Rings beobachtet wird, muss in die Mitte. – Während des Spiels kann ggf. eine Kassette mit südamerikanischer Musik laufen.

– *Gedicht:* „Was spielen die Kinder der Erde?", Str. 4

Manche spielen Mond und Sterne,
Manche auch 'Mensch, ärgere dich'.
Alle aber spielen gerne,
Ebenso wie du und ich.

*(James Krüss, ebd.)*

– *Vorlesen:* „Das Märchen vom Vogel Ypaka'á", in: S. Bausch u.a., Anahi (s. Lit.), S. 16f.

– *Lied:* „Schwarze, Weiße ..." (Wiederholung)

– *Essen:* Als Beitrag zum gemeinsamen Mahl hat die Südamerika-Gruppe Bananenmilch vorbereitet:

*Zutaten:*   Reife Bananen
      Milch
      etwas Zucker
      etwas Zitrone (damit die Milch nicht braun wird)

*Zubereitung:*   Die geschälten Bananen mit einer Gabel zerdrücken. Milch, Zucker und Zitrone zugeben und so lange rühren, bis die Bananenmilch schaumig wird.

Alternative:   Maisfladen *(Anlage 4)*

**Station 3**             **Indien**

(Sch. begeben sich zur Station Nr. 3 und lassen sich von den für dieses Thema Verantwortlichen einführen. Nach Rückfragen und zusätzlichen Informationen nehmen sie um die Station herum Platz.)

– *Thematische Einstimmung:* B. Burkhardt, Muniyandi lebt in Indien. Der Sohn eines Landarbeiters erzählt, Jugenddienst, Wuppertal 1981.
Das Kinderbuch erzählt aus der Perspektive des 12jährigen Muniyandi vom dörflichen Leben einfacher Landarbeiter und gibt so Einblick in die Themen Familie und Wohnen, Arbeit und Fest, Spielen und Schule. – Aus zeitlichen Gründen wird die Darbietung der Erzählung in der Kurzfassung von R. Göbel-Wiemers und M. Luschberger-Eser empfohlen (in: G. Löwner, Indien in der Grundschule [s. Literatur], S. 7–10).

– *Kleidung:* Sch. lernen Beispiele der traditionellen indischen Kleidung kennen, die über Schutz gegen Kälte und Nacktheit hinaus immer auch Hinweis auf den sozialen Status ist.

Sari (für Frauen): *Anlage 5.*

Vor Ort ist zu entscheiden, ob das Anlegen des Sari demonstriert wird oder das fertige Ergebnis.

– *Essen:* Zum Gemeinschaftsmahl steuert die Indien-Gruppe „Chappaties" bei. Diese dünnen, fladenartigen Pfannkuchen bilden besonders in Nord-Indien das Hauptnahrungsmittel. Dazu isst man scharfe Saucen (z.B. Chili oder Curry-Ketchup).

*Zutaten für 8 Fladen:* 2 Tassen Weizenmehl
                                    2 Tassen Vollkornmehl
                                    1 Tl Salz
                                    ½ Tasse Butter

*Zubereitung:* Mehl und Salz in eine Schüssel sieben. Butter schmelzen, zu dem Mehl geben und das Ganze 10 Minuten durchkneten. Soviel kaltes Wasser zugeben, dass ein gut formbarer Teig entsteht. Teig mit einem feuchten Tuch zudecken und eine Stunde ruhen lassen. Danach den Teig noch einmal durchkneten und Bällchen daraus formen (etwa in der Größe eines Pingpongballes). Diese auf einem Brett ausrollen, bis sie etwa die Stärke eines 5-Mark-Stückes haben. Chappaties in einer heißen, nicht gefetteten Pfanne bei mittlerer Hitze abbacken (alle 2–3 Minuten wenden). Nach 6–8 Minuten ist der Fladen fertig.

*(vgl. R. Schmidt, Hg., Dritte Welt in der Grundschule, Arbeitskreis Grundschule, Frankfurt/M. 1989³, S. 111).*

| | |
|---|---|
| **Gemeinsames Mahl** | Die Kinder (und Eltern) nehmen (auf dem Boden?) Platz. Nach einem Mahl-Lied werden die vorbereiteten Speisen aufgetragen (vielleicht von Sch. in landestypischer Tracht). Das Essen kann von Musikbeispielen der o.g. Länder und Erdteile begleitet werden. |
| **Dankgebet** | Aspekte: Danke für das Essen – die Gemeinschaft – die vielen Ideen. – Die ganze Welt deckt unseren Tisch – nicht alle Menschen werden satt – lernen, zu teilen – Bitte um Frieden und Gerechtigkeit – wir alle sind Kinder desselben Vaters – der Gott aller Völker, Hautfarben, Rassen ... |
| **Lied** | Text u. Melodie: mündlich überliefert |

Kisuaheli:
Sifuni, mtukuzeni Bwana,
./. mtumikie kwa shangwe kubwa. ./.

Portugiesisch:
Povos da terra, louvai ao senhor!
Com alegria, com tanto fervor.
Todos os povos, louvai ao Senhor!

Englisch:
Praise and thanks giving let every one bring
unto our Father for every good thing.
All together joyfully sing!

Afrikaans:
Loof alle volkere en prys nou die Heer.
Dien hom met blydskap en gee hom die eer.
Loof, yul volkere, loof nou die Heer.

*(aus: Ev. Missionswerk im Bereich der Bundesrepublik Deutschland und Berlin West e.V., Hg., Wie leben Kinder anderswo? Unterrichtsmaterial für Grundschule, Hamburg 1981, S. 21)*

# Weiterführende Literatur

**Zum Ganzen:**

Kinderarbeit: Eine Bildkartei für Unterricht und Bildungsarbeit, Deutsches Komitee für UNICEF, Hg., Köln 1997

Kindheit (40 Farbporträts aus Afrika, Asien, Lateinamerika und der Karibik), Missio/Misereor, Aachen

R. Schmitt, Hg., Dritte Welt in der Grundschule. Unterrichtsbeispiele, Lehrplanübersicht, Material, Arbeitskreis Grundschule e.V., Frankfurt/M. 1989[3]

Wasser – Quelle des Lebens, Deutsches Komitee für UNICEF, Hg., Köln 1992

Welt-lieder für Kinder. Liederbuch + CD, Misereor/Missio, Aachen

**Afrika:**

Afrika und wir. Dritte Welt oder Eine Welt. Tonbild, (av-religion), Calig/Bernward, Hildesheim 1993

R. Bäcker, Feste und Feiern. Tonbild, (av-religion), Calig/Bernward, Hildesheim 1988

Brot für die Welt, Hg., Jambo Africa! Guten Tag, Afrika. Magazin zum Afrikaspiel, Stuttgart o.J.

Misereor, Hg., Kinder erleben die dritte Welt („Gimka und Golka" – Kamerun). (Miserero-Mappe 6), Misereor, Aachen 1987[4]

So leben Kinder in Afrika. Plakatserie – DIN A 1, Brot für die Welt, Stuttgart

**Südamerika:**

Eine Brücke nach Peru, Misereor, Aachen

U. Hasler, Pedro und die Bettler von Cartagene, Misereor, Aachen

U. Kersting, Ana aus Guatemala, Misereor, Aachen

So leben Indianerkinder in den Anden. Plakatserie – DIN A 1, Brot für die Welt, Stuttgart 1995

Tris Tras. Paulina aus Bolivien erzählt. Kinderbuch, Misereor, Achen

Vgl. auch dazu: Kommt mit nach Bolivien. Arbeitshilfe zu „Tris Tras", Misereor, Aachen

**Indien:**

Chandani aus Indien, Misereor, Aachen

G. Löwner, Indien in der Grundschule als Projektwoche. Materialsammlung, Informationszentrum Dritte Welt, 33625 Herne, Overwegstr. 31 (vergriffen)

Shanti. Ein Mädchen aus der Wüste von Rajasthan (Indien), Misereor, Aachen

Shari – Ein Kinderleben in Indien (Thema: Kinderarbeit in der Teppichindustrie), Broschüre und Theaterstück, Brot für die Welt, Stuttgart 2000

**Essen:**

Ph. Nolam, Kochen in Afrika, Mandelbaum, Wien 2000

J. Stow, Eine kulinarische Safari durch Afrika, Augustus, München 2000

**Weitere Rezepte z.B. in:**

forum religion 1/95, S. 28f (Bananen)

**Spiele:**

Deutsches Komitee für UNICEF, Hg., Spiele rund um die Welt, Deutsches Komitee für UNICEF, Köln 1994

# Wie das Leben durch die Welt wanderte

Eines Tages begab sich das Leben auf die Wanderschaft durch die Welt. Es ging und ging, bis es zu einem Menschen kam. Der hatte so geschwollene Glieder, dass er sich kaum rühren konnte.

„Wer bist du?", fragte der Mann.

„Ich bin das Leben."

„Wenn du das Leben bist, so kannst du mich vielleicht gesund machen", sprach der Kranke.

„Ich will dich heilen", sagte das Leben. „Aber du wirst mich und deine Krankheit bald vergessen."

„Wie könnte ich euch vergessen!", rief der Mann aus.

„Gut. Ich will in sieben Jahren wiederkommen. Dann werden wir ja sehen", meinte das Leben. Es bestreute den Kranken mit Staub vom Wege. Kaum war das geschehen, ward der Mann gesund.

Dann zog das Leben weiter und kam zu einem Leprakranken.

„Wer bist du?", fragte der Mann.

„Ich bin das Leben."

„Das Leben?", sagte der Kranke. „Da könntest du mich ja gesund machen."

„Das könnte ich", erwiderte das Leben. „Aber du wirst mich und deine Krankheit bald vergessen."

„Ich vergesse euch bestimmt nicht", versprach der Kranke.

„Nun, ich will in sieben Jahren wiederkommen, dann werden wir ja sehen", sprach das Leben. Es bestreute den Mann mit Staub vom Wege, und der Kranke ward sogleich gesund.

Wieder begab sich das Leben auf die Wanderschaft. Nach vielen Tagen kam es schließlich zu einem Blinden.

„Wer bist du?", fragte der Blinde.

„Das Leben."

„Ach, das Leben!", rief der Blinde erfreut. „Ich bitte dich, gib mir mein Augenlicht wieder!" – „Das will ich tun. Aber du wirst mich und deine Blindheit bald vergessen." – „Ich werde euch bestimmt nicht vergessen", versprach der Blinde.

„Nun gut, ich will in sieben Jahren wiederkommen, dann werden wir ja sehen", sagte das Leben, bestreute den Blinden mit Staub vom Wege, und der Mann konnte wieder sehen.

Als sieben Jahre vergangen waren, zog das Leben wieder in die Welt. Es verwandelte sich in einen Blinden und ging zuerst zu dem Menschen, dem es das Augenlicht wiedergegeben hatte.

„Bitte, lass mich bei dir übernachten", bat das Leben. „Was fällt dir ein?", schrie der Mann es an. „Schere dich weg! Das fehlte mir gerade noch, dass sich hier jeder Krüppel breit macht." „Siehst du", sagte das Leben. „Vor sieben Jahren warst du blind. Damals habe ich dich geheilt. Und du versprachst, deine Blindheit und mich niemals zu vergessen." Darauf nahm das Leben ein wenig Staub vom Wege, streute ihn auf die Spur dieses undankbaren Menschen. Von Stund an wurde dieser wieder blind.

Dann ging das Leben weiter. Und es gelangte zu dem Menschen, den es vor sieben

Jahren von der Lepra befreit hatte. Das Leben verwandelte sich in einen Leprakranken und bat um Obdach. „Pack dich!", schrie der Mann es an. „Du wirst mich noch anstecken!" „Siehst du", sagte das Leben. „Vor sieben Jahren habe ich dich von der Leprakrankheit geheilt. Damals hast du versprochen, mich und deine Krankheit nie zu vergessen." Darauf nahm das Leben ein wenig Staub vom Wege und streute ihn auf die Spur des Mannes. Im selben Moment ward der garstige Mann wieder von der Leprakrankheit befallen.

Schließlich verwandelte sich das Leben in einen Menschen, dessen Glieder so geschwollen waren, dass er sich kaum rühren konnte. So besuchte es jenen Mann, den es vor sieben Jahren zuerst geheilt hatte.

„Könnte ich bei dir übernachten?", fragte ihn das Leben. „Gern. Komm nur weiter", lud der Mann das Leben ein. „Setz dich, du Armer. Ich will dir etwas zu essen machen. Ich weiß recht gut, wie dir zumute ist. Einst hatte ich ebensolche geschwollenen Glieder. Gerade ist es sieben Jahre her, als das Leben hier vorüberkam und mich gesund machte. Damals sagte es, dass es nach sieben Jahren wiederkommen wolle. Warte hier, bis es kommt. Vielleicht wird es auch dir helfen." – „Ich bin das Leben", sagte das Leben. „Du bist der Einzige von allen, der weder mich noch seine Krankheit vergessen hat. Deshalb sollst du auch immer gesund bleiben." Als es sich dann von dem guten Mann verabschiedete, sagte es noch: „Ständig wandelt sich das Leben. Oft wird aus Glück Unglück. Not verwandelt sich in Reichtum, und Liebe kann in Hass umschlagen. Kein Mensch sollte das jemals vergessen."

*(aus: M. Kosová, Afrikanische Märchen, ARTIA, Prag 1978[4], S. 158–160)*

**Anlage 2**

## Hirsotto

| | |
|---|---|
| 1 EL Öl oder Fett | Öl (oder Fett) erwärmen, Hirse dünsten, eventuell leicht rösten, Zwiebel |
| 160 g Hirse | zugeben, andämpfen. Mit gut gewürzter heißer Bouillon ablöschen und |
| 1 Zwiebel, fein gerieben | auf kleinem Feuer zugedeckt ca. 15 Minuten weich kochen. Butter und |
| 8 dl Bouillon | Käse zuletzt beim Anrichten dazumischen. (In Afrika wird statt Käse eine |
| 1 großes Stück Butter | Gemüse- oder Erdnuss-Sauce serviert.) |
| 100 g Reibkäse | |

*(aus: Brot für alle u.a., Hg., Jambo Africa! [s. Literaturliste], S. 5)*

**Anlage 3**

## Indiecito, Kleiner Indianer – ein bolivianisches Tanzlied

Sinngemäß übersetzt heißt das Lied:

Kleiner Indianer, spiel die Kena, (= Flöte)
Kleiner Indianer, spiel Charango (eine Art Gitarre)
Kena, Charango erklingen, tra la la la la la la
So woll'n wir immer singen tra la la la la la la

### Tanzanweisung

(Das Lied wird so oft wiederholt, bis der Tanz zu Ende ist.)

1. Ihr hüpft hintereinander im Zick-Zack-Sprung in den Raum und bildet einen Kreis.
2. Jetzt setzt der Gesang ein, und ihr bewegt euch mit einigen Hüpfern nach vorne zur Kreismitte und wieder zurück auf euren Platz.
3. Nun dreht euch auf der Stelle einmal im Kreis und imitiert dabei das Spiel auf der Kena und dem Charango.

4. Wechselt mit eurem rechten Nachbarn den Platz.
5. Umarmt euren Nachbarn.
6. Bildet eine lange Kette und hüpft aus dem Raum.

*(aus: Misereor u.a., Hg., Komm mit nach Bolivien. Arbeitshilfe zum Bilderbuch „Tris Tras. Pauline aus Bolivien erzählt", [Materialien für die Grundschule, H. 18], Aachen 1993, M 17; Rechte für Übersetzung, Zeichnung und Tanzschritte: Lucha Williams, Sucre-Bolivien und Ursula Kerstin, Summeath)*

**Anlage 4**

## Maisfladen

Benötigt werden: (je nach Klassenstärke)
– 1 Tasse Maisgries (Polenta)
– 1 TL Backpulver
– 2 EL Butter
– ½ Tasse Milch
– Kräuterbutter, Salz

Rezept: Maisgries mit etwas Salz und Backpulver vermischen. Geschmolzene Butter und Milch dazugeben und gut vermengen. Masse ca. 10 Minuten ausquellen lassen.
Flache Teigstücke von etwa 7–10 cm ø formen. In einer großen Pfanne werden die Fladen mit wenig Fett (Öl oder Butter) beidseitig ausgebacken.
Mit Kräuterbutter oder Knoblauchquark möglichst heiß servieren.

*(vgl. G. u. R. Maschwitz, Komm, wir essen zusammen. Mit Kindern das Essen erleben, [Reihe 8–13], Burckhardthaus-Laetare/Christophorus, Offenbach/M./Freiburg i.Br. 1986, S. 46f und: Rheinischer Verband für Kindergottesdienst, Hg., Und wieder sind wir da zum Kibita! Eine Sammlung von Kinderbibeltagen, Hilden 1990, S. 42).*

## Sari

(ca. 5–6 m langes Tuch)

Der Sari wird einmal um die Taille geschlungen und vorne verknotet oder fest in den Unterrock gesteckt. Vor der linken Bauchhälfte wird der Sari vom Knoten her nach auswärts in 5–9 Falten gelegt und eingeschlagen. Die restliche Stoffbahn wird schräg über den Rücken unter der rechten Achsel durch, über die Brust und über die linke Schulter geworfen. Die hinten frei herunterhängende Stoffbahn ist meist schön gemustert.

*(aus: Gita und ihr Dorf in Indien. Begleitheft zum Buch, Wuppertal 1987)*

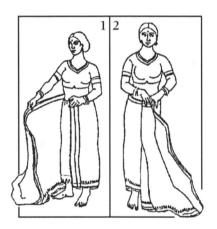 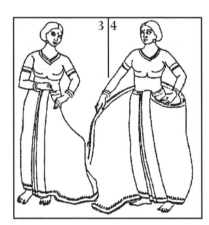 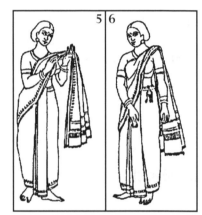

# Anhang

## Abkürzungsverzeichnis

### 1. Allgemeine Abkürzungen und Abkürzungen biblischer Bücher

| | | | |
|---|---|---|---|
| a.a.O. | am angegebenen Ort | | |
| Apg | Apostelgeschichte | NRW | Nordrhein-Westfalen |
| Art. | Artikel | o.a. | oben angegeben |
| Aufl. | Auflage | o.ä. | oder ähnlich(es) |
| Bd. | Band | Offb | Offenbarung des Johannes |
| bes. | besonders | o.g. | oben genannt |
| brosch. | broschiert | o.J. | ohne Jahr(esangabe) |
| Br. | Bruder | parr. | Parallelstellen |
| ca. | circa | 1. Petr | 1. Petrusbrief |
| dl | Deziliter | Ps | Psalm |
| Dtn | Deuteronomium (= 5. Buch Mose) | RGG | Religion in Geschichte und Gegen- |
| ebd. | ebenda | | wart |
| EG | Evangelisches Gesangbuch | Ri | Richter |
| EKG | Evangelisches Kirchengesangbuch | RL | Religion und Lebenskunde (Zeit- |
| EKL | Evangelisches Kirchenlexikon | | schrift) |
| EL | Eßlöffel | Röm | Römerbrief |
| etc. | et cetera | RPP | Religionspädagogische Praxis (Zeit- |
| Ex | Exodus (2. Buch Mose) | | schrift) |
| f/ff | folgende Seite(n), Vers(e) | RU | Religionsunterricht |
| g | Gramm | s. | siehe |
| Gen | Genesis (1. Buch Mose) | S. | Seite |
| ggf. | gegebenenfalls | 1. Sam | 1. Samuelbuch |
| H. | Heft | 2. Sam | 2. Samuelbuch |
| hebr. | hebräisch | Sch. | Schülerin/Schüler oder Schülerin- |
| Hg. | Herausgeber | | nen/Schüler |
| Hi | Hiob | Sir | Jesus Sirach |
| i.A. | in Auszug | s.o. | siehe oben |
| Jes | Jesaja | Spr | Sprüche Salomos |
| Joh | Johannes | Str. | Strophe |
| kart. | kartoniert | s.u. | siehe unten |
| 1. Kön | 1. Buch der Könige | 1 Tim | 1. Timotheusbrief |
| 1. Kor | 1. Korintherbrief | TL | Teelöffel |
| L. | Lehrerin/Lehrer | u.a. | und andere, unter anderem |
| Lk | Lukas | u.ä. | und ähnlich(es) |
| LP | Lehrplan | v. Chr. | vor Christus |
| MC | Musik-Cassette | vgl. | vergleiche |
| Mi | Micha | z.B. | zum Beispiel |
| Mk | Markus | zit. | zitiert |
| Mt | Matthäus | z.Zt. | zur Zeit |
| Nah | Nahum | | |

## 2. Literatur und Quellen, auf die häufiger verwiesen wird

| Kurzschreibweise | Langfassung |
| --- | --- |
| Das Liederbuch zum Umhängen | D. Jöcker u.a., Das Liederbuch zum Umhängen. 100 der schönsten religiösen Kinderlieder, Menschenkinder, Münster 1993[5] |
| Mein Kanonbuch | Deutscher Katecheten-Verein, Hg., Mein Kanonbuch, tvd, Düsseldorf 1995[4] |
| Mein Liederbuch für heute und morgen | Arbeitskreis für kulturelle Bildung u.a., Hg., Mein Liederbuch für heute und morgen. Notenausgabe, tvd, Düsseldorf 1997[12] |
| Mein Liederbuch 2 | Mein Liederbuch 2: Ökumene heute, Notenausgabe, tvd, Düsseldorf 1993[2] |
| Religionsunterricht praktisch 1 | H. Freudenberg, Hg., Religionsunterricht praktisch – Unterrichtsentwürfe und Arbeitshilfen für die Grundschule. 1. Schuljahr, Vandenhoeck & Ruprecht, Göttingen 1998[6] |
| Religionsunterricht praktisch 2 | H. Freudenberg, Hg., Religionsunterricht praktisch – Unterrichtsentwürfe und Arbeitshilfen für die Grundschule. 2. Schuljahr, Vandenhoeck & Ruprecht, Göttingen 1999[6] |
| Religionsunterricht praktisch 3 | H. Freudenberg, Hg., Religionsunterricht praktisch – Unterrichtsentwürfe und Arbeitshilfen für die Grundschule. 3. Schuljahr, Vandenhoeck & Ruprecht, Göttingen 2000[6] |
| Religionsunterricht praktisch 4 | H. Freudenberg, Hg., Religionsunterricht praktisch – Unterrichtsentwürfe und Arbeitshilfen für die Grundschule. 4. Schuljahr, Vandenhoeck & Ruprecht, Göttingen 1998[6] |
| Schulgottesdienste mit Religionsunterricht praktisch, Band 1 | H. Freudenberg, Hg., Schulgottesdienste mit Religionsunterricht praktisch, Band 1, Vandenhoeck & Ruprecht, Göttingen 1994 |
| Schulgottesdienste mit Religionsunterricht praktisch, Band 2 | H. Freudenberg, Hg., Schulgottesdienste mit Religionsunterricht praktisch, Band 2, Vandenhoeck & Ruprecht, Göttingen 1995 |
| Schwerter Liederbuch | E. Biehler u.a., Hg., Singt dem Herrn. Schwerter Liederbuch, Verlag BDKJ, Paderborn 2000[7] |